서울 플레이북 365

서울 플레이북 365

당신만의 서울을 플레이하세요

당신만의 서울을 플레이하세요.
나는 어떤 플레이어일까요?

흥미로운 플레이 키워드에 체크하고, 색깔별로 개수를 세어 보세요.
다음 페이지에서 나의 플레이 스타일을 확인해 보세요.

- ☐ 펀 러닝 〈 서울 러너스 페스티벌 〉 🔴
- ☐ 웰니스 〈 핏 스테이션 〉 🔴
- ☐ 오운완 〈 한강 헬스장 〉 🔴
- ☐ 파크골프 〈 월드컵공원 파크골프장 〉 🔴
- ☐ 워런치 〈 손목닥터9988 〉 🔴 🟢
- ☐ 저속 노화 〈 덜 달달 9988 〉 🔴 🟢
- ☐ 멘탈 디톡스 〈 한강 멍때리기 대회 〉 🎀
- ☐ 프래밀리 〈 외로움 없는 서울 〉 🟢
- ☐ 안심 디자인 〈 안심물품 〉 🟢
- ☐ 헬시 플레저 〈 쉬엄쉬엄 한강 3종 축제 〉 🔴
- ☐ 워커빌리티 〈 잠수교 뚜벅뚜벅 축제 〉 🔴
- ☐ 어반 힐링 〈 한강페스티벌 〉 🔴
- ☐ 숲세권 〈 한강숲과 자연 〉 🔵 🟢
- ☐ 스테이케이션 〈 서울썸머비치 〉 🎀
- ☐ 물멍 〈 수변감성도시 〉 🎀 🟢

☐ 시티 바캉스	〈 한강공원 수영장 〉	🔴 🚩
☐ 힙트레디션	〈 전통 시장 활성화 〉	🔵 🟢
☐ 샴페인 브레이킹	〈 한강버스 〉	🟢
☐ 가드닝	〈 정원도시 서울 〉	🔵 🟢
☐ 텍스트힙	〈 서울야외도서관 〉	🔵
☐ 독파민	〈 책읽는 한강공원 〉	🔵
☐ 아트페어	〈 서울아트위크 〉	🔵
☐ 서울문화포털	〈 서울 문화의 밤 〉	🔵
☐ 레이저 아트	〈 서울라이트 한강 빛섬축제 〉	🔵
☐ 야간 경제	〈 청계천 야경 〉	🚩
☐ 호모나이트쿠스	〈 한강야경투어 〉	🚩
☐ 스카이라인	〈 서울달 〉	🚩
☐ 마이크로 투어리즘	〈 DDP 루프탑 투어 〉	🚩
☐ 탄소 중립	〈 기후동행카드 〉	🟢
☐ 펀시티	〈 서울윈터페스타 〉	🚩
☐ 디스커버 서울패스	〈 서울광장 스케이트장 〉	🚩
☐ 크리스마스 마켓	〈 광화문 마켓 〉	🚩
☐ 라이트 아트	〈 서울빛초롱축제 〉	🔵 🚩
☐ 미디어 파사드	〈 서울라이트 〉	🔵 🚩

- ☐ **신년 음악회**　　〈 서울시향 신년 음악회 〉　🔵
- ☐ **네트워크형 미술관**　〈 서서울미술관 〉　🔵
- ☐ **크리에이터 이코노미**　〈 서울예술인지원센터 〉　🟢
- ☐ **플레이스 메이킹**　〈 서울 펀디자인 〉　🔵🚩
- ☐ **패피**　　〈 서울패션위크 〉　🔵
- ☐ **스킬셋**　　〈 청년취업사관학교 〉　🟠🟢
- ☐ **산업 클러스터**　〈 서울뷰티허브 〉　🔵
- ☐ **라이프 코칭**　〈 서울청년센터 〉　🟠🟢
- ☐ **웜셰어**　　〈 동행식당·온기창고 〉　🟢
- ☐ **주거 사다리**　〈 미리내집 〉　🟢
- ☐ **사회 안전망**　〈 서울디딤돌소득 〉　🟢
- ☐ **자기주도학습**　〈 서울런 〉　🟢

🟠＿＿개　　🔵＿＿개　　🚩＿＿개　　🟢＿＿개

에너지

에너지를 채우는
서울 플레이어

―

일상에서 에너지를 얻고, 에너지를 나누기를 원하는 당신은 에너지를 채우는 서울 플레이어입니다. 몸과 마음의 에너지를 충전하고, 새로운 도전에 나설 준비가 되었나요? 이 책에서 당신을 위한 서울을 찾아보세요!

영감

영감을 찾는
서울 플레이어

―

도시 속에서 영감을 얻고, 창의적인 활동을 펼쳐 나가는 당신은 영감을 찾는 서울 플레이어입니다. 전통과 현대, 예술과 비즈니스를 넘나드는 감각적인 순간들을 만나 보세요!

재미

재미를 탐험하는
서울 플레이어

―

의미보다 중요한 건 재미라고 믿고, 재미 속에서 더 큰 의미를 발견하는 당신은 재미를 탐험하는 서울 플레이어입니다. 서울의 끝없는 즐거움 속으로 뛰어들 준비가 되었나요?

연결

연결을 만드는
서울 플레이어

―

사람과 사람 사이의 연결이 가장 중요하다고 생각하는 당신은 연결을 만드는 서울 플레이어입니다. 혼자가 아니기에 더 아름다운 이 도시, 더 넓은 세상과 연결되는 순간을 만나 보세요!

※ **유의 사항**
최신 정보는 서울시 누리집, 각 기관과 이벤트 누리집을 참조하세요.

_____는 플레이어

_____의 서울 플레이북 365

START ▶

prologue

당신만의 서울을
플레이하세요!

서울이라는 도시를 떠올릴 때, 당신의 머릿속에는 어떤 이미지가 그려지나요? 광화문 광장의 바쁜 출근길, 한강변을 따라 달리는 러너들, 익선동의 감각적인 카페, 이태원의 힙한 루프탑바, DDP에서 열리는 패션위크까지, 서울은 하루에도 수백 개의 장면이 펼쳐지는 거대한 무대입니다. 그리고 이 무대 위에서 우리는 각자의 방식으로 서울을 플레이하고 있습니다.

『서울 플레이북 365: Play Your Seoul』은 다양한 서울의 모습을 탐험하며 자신만의 스타일로 플레이하는 '서울 플레이어'들과 함께합니다. 이 책은 서울을 살아가는, 여행하는 우리가 더 적극적으로, 더 즐겁게 이 도시를 경험할 수 있도록 도울 거예요.

당신은 어떤 플레이어인가요?

서울을 플레이하는 방식은 사람마다 다릅니다. 어떤 사람은 활력 넘치는 에너지를 찾고, 어떤 사람은 감각적인 영감을 원하며, 또 어떤 사람은 재미를 탐험하거나 새로운 연결을 만들어 가기를 바랍니다. 이 책은 네 가지 키워드를 바탕으로 서울의 다양한 경험을 소개합니다.

★ 에너지를 채우는 플레이어
한강 러닝, 피트니스 스팟, 웰니스 트렌드를 탐색하며 일상 속 활력을 찾을 수 있어요.

★ 영감을 찾는 플레이어
미술관과 전시, 창작 공간을 탐방하며 도시의 예술적 무드를 즐길 수 있어요.

★ 재미를 탐험하는 플레이어
축제, 푸드 마켓, 독특한 도시 경험을 통해 서울의 색다른 매력을 발견할 수 있어요.

★ 연결을 만드는 플레이어
공동체 활동, 소셜 이벤트, 네트워크 모임을 통해 사람들과 관계를 쌓을 수 있어요.

책을 펼치면 먼저 플레이 스타일 테스트를 통해 자신의 플레이 스타일을 찾을 수 있습니다. 서울 곳곳에서 펼쳐지는 다양한 경험들로 나에게 딱 맞는 플레이리스트를 만들어 보세요.

서울을 더 즐겁게 플레이하는 방법
이 책은 서울을 경험하는 새로운 방법을 제안합니다.

★ 월별, 계절별 추천 플레이
봄에는 감각적인 야외 도서관에서 책을 읽고, 여름에는 한강에서 시티 바캉스를 즐기며, 가을에는 단풍길을 따라 걷고, 겨울에는 서울광장의 아이스링크에서 스케이트를 타는 등 계절마다 서울을 새롭게 경험하는 법을 알려드립니다.

★ 트렌디한 서울의 정책과 라이프 스타일
'특별함이 일상이 되는 서울'을 위한 다양한 프로젝트가 진행 중입니다. 도시의 변화를 만들어가는 새로운 정책과 공간들, 그리고 이를 활용하는 방법까지 소개합니다.

★ 나만의 서울 플레이리스트 만들기
플레이 스타일 테스트를 바탕으로, 나만의 서울 플레이북을 완성해 보세요. 나에게 맞는 스타일로 서울을 즐길 수 있습니다.

★ 서울 십자말 퍼즐 도전하기

이 책의 첫 번째 부록, 십자말 퍼즐에 도전해 보세요. 곳곳에 등장했던 장소, 정책, 키워드들이 단서가 되어 퍼즐을 완성해 나가는 재미를 느낄 수 있을 거예요.

★ 일러스트 속 숨은그림찾기

책의 표지와 월별 소개 페이지의 일러스트는 메아리 작가의 작품 「특별함이 일상이 되는 서울」의 일부입니다. 두 번째 부록으로 수록된 전체 작품을 살펴보시고 전광판, 사람, 장소 속에 숨어 있는 서울의 정책 72개를 찾아보세요!

서울은 당신의 무대입니다

서울은 빠르게 변화하는 도시입니다. 새로운 공간이 생기고, 색다른 이벤트가 열리며, 끊임없이 진화하고 있습니다. 변화의 흐름을 타고, 이 도시를 온전히 즐겨 보세요.

어떤 날은 활기차게, 어떤 날은 느긋하게, 때로는 새로운 도전에 나서고, 때로는 익숙한 것 속에서 편안함을 찾으며 서울을 탐험하는 모든 순간이 당신만의 이야기로 쌓일 것입니다.

자, 이제 책장을 넘겨 볼까요?

당신만의 서울을 플레이하세요!

Contents

prologue   당신만의 서울을 플레이하세요!   010

4월
활력을 더하다

에너지	서울 러너스 페스티벌	펀 러닝	024
에너지	핏 스테이션	웰니스	030
에너지	한강 헬스장	오운완	036
에너지	월드컵공원 파크골프장	파크골프	042
에너지 · 연결	손목닥터9988	워런치	048
에너지 · 연결	덜 달달 9988	저속 노화	056

5월
마음을 채우다

재미	한강 멍때리기 대회	멘탈 디톡스	064
연결	외로움 없는 서울	프래밀리	072
연결	안심물품	안심 디자인	078

6월
물길을 따라 걷다

에너지	쉬엄쉬엄 한강 3종 축제	헬시 플레저	086
에너지	잠수교 뚜벅뚜벅 축제	워커빌리티	092
에너지	한강페스티벌	어반 힐링	100
영감 연결	한강숲과 자연	숲세권	108

7월
여름을 즐기다

재미	서울썸머비치	스테이케이션	116
재미 연결	수변감성도시	물멍	122
에너지 재미	한강공원 수영장	시티 바캉스	128

8월
새로움을 발견하다

영감 연결	전통 시장 활성화	힙트레디션	138
연결	한강버스	샴페인 브레이킹	144
영감 연결	정원도시 서울	가드닝	150

9월
영감 속으로 뛰어들다

영감	서울야외도서관	텍스트힙	160
영감	책읽는 한강공원	독파민	168
영감	서울아트위크	아트페어	174
영감	서울 문화의 밤	서울문화포털	180

10월
빛으로 도시를 즐기다

영감	서울라이트 한강 빛섬축제	레이저 아트	188
재미	청계천 야경	야간 경제	196
재미	한강야경투어	호모나이트쿠스	202

11월
미래를 상상하다

재미	서울달	스카이라인	210
재미	DDP 루프탑 투어	마이크로 투어리즘	216
연결	기후동행카드	탄소 중립	222

12월
쉼을 디자인하다

재미	서울윈터페스타	펀시티	230
재미	서울광장 스케이트장	디스커버 서울패스	236
재미	광화문 마켓	크리스마스 마켓	242
영감 재미	서울빛초롱축제	라이트 아트	250
영감 재미	서울라이트	미디어 파사드	256

1월
예술에 스며들다

영감	서울시향 신년 음악회	신년 음악회	266
영감	서서울미술관	네트워크형 미술관	272
연결	서울예술인지원센터	크리에이터 이코노미	278
영감 재미	서울 펀디자인	플레이스 메이킹	284

2월
도전을 즐기다

영감	서울패션위크	패피	294
에너지 연결	청년취업사관학교	스킬셋	302
영감	서울뷰티허브	산업 클러스터	308
에너지 연결	서울청년센터	라이프 코칭	312

함께 나아가다

연결	**동행식당·온기창고**	윔셰어	320
연결	**미리내집**	주거 사다리	326
연결	**서울디딤돌소득**	사회 안전망	332
연결	**서울런**	자기주도학습	338

서울 플레이북 365 십자말 퍼즐   344

서울 플레이북 365 숨은 그림 찾기「특별함이 일상이 되는 서울」   346

인덱스   351

사진 제공   353

April

4월

서울 러너스 페스티벌
핏 스테이션
한강 헬스장
월드컵공원 파크골프장
손목닥터9988
덜 달달 9988

활력을 더하다

key word

펀 러닝 Fun Running

: 펀fun과 러닝running을 결합한 신조어로, 기록이나 순위에 상관없이 일상에서 러닝을 즐기는 행위를 의미한다. 전문 러너뿐만 아니라 취미와 여가로 달리기를 즐기는 일반인까지 아우르는 개념이다.

달리기에 개성과 재미를 더한 '펀 러닝'이 대세로 떠오르며, 세계 곳곳에서는 다양한 이색 마라톤 대회가 열리고 있다. 펀 러닝을 즐기는 이들에게 달리기란 철저한 자기 관리와 기록 단축을 위한 고강도 운동이 아닌, 스포츠의 범주를 넘어선 하나의 경험이자 문화다. 기록을 목표로 하기보다는 순간을 즐기는 흐름 속에서, 다양한 러닝 페스티벌과 이벤트가 새로운 방식으로 달리기의 의미를 확장해 가고 있다.

'세상에서 가장 행복한 5킬로미터km'라고 불리는 컬러 런 Color Run은 2011년 미국에서 시작되어 현재 35개국 이상에서 개최되고 있다. 참가자들은 하얀색 티셔츠를 입고 출발선을 나서며, 각 구간을 지날 때마다 옥수수 전분으로 만든 형형색색의 컬러 파우더를 맞는다. 결승선을 통과할 즈음엔 온몸이 무지갯빛으로 물들어 마치 축제를 즐기는 듯한 광경이 펼쳐지는데, SNS에도 참가자들의 컬러풀한 인증샷이 가득이다.

일본 니가타현에서 열리는 '천천히 달리는 마라톤 대회'는 느린 속도가 핵심인 독특한 이벤트다. 남들보다 빠르게 달려야 한다는 고정관념을 완전히 뒤엎은 이 대회의 가장 큰 규칙은 단 하나, 24킬로미터km 코스를 절대 2시간 이내에 완주하지 않는 것이다. 10년 전 관광객 유치를 위해 처음 개최될 당시, 스태프 부족으로 인해 만들어진 이색적인 규칙이 오히려 참가자들에게 재미 요소로 작용하며 매년 인기를 끌고 있다. 대회 도중에는 차가운 음료 대신 뜨거운 버섯 수프를 나눠줘 일부러 참가자들의 발목을 잡기도 한다.

유구한 역사를 자랑하는 펀 러닝 대회로는 메독 마라톤을 꼽을 수 있다. 와인으로 유명한 프랑스 보르도 메독 지방에서 1984년 처음으로 개최된 이 대회는 마라톤에 미식을 더했다. 참가자들은 포도밭을 가로지르며, 구간마다 물 대신 지역 양조장 20곳에서 제공하는 와인을 마신다. 결승점에 가까워질수록 치즈와 굴, 스테이크 같은 음식도 맛볼 수 있다. 대회 참가자들은 저마다 개성 넘치는 코스튬을 준비하는데, 슈퍼 히어로부터 18세기 귀족 복장까지 그 차림새도 다양하다.

서울 러너스 페스티벌

서울 러너스 페스티벌 참여하기

❶ 제2회 서울 러너스 페스티벌은 여의도공원 문화의 마당에서 열려요.
❷ 코스 중간에는 자전거와 겸용하는 구간이 있으니 반드시 개인 안전에 유의해야 해요.
❸ 러너스테이션 공식 누리집 및 인스타그램을 통해 축제 내용을 안내해 드려요.
❹ 오픈런은 기록과 상관없이 즐겁게 걷고 달리는 프로그램이에요. 나만의 10K 기록을 측정해 볼 수 있어요!

2025년 4월, 여의도공원에서 열리는 '서울 러너스 페스티벌'은 기존의 마라톤 대회와는 다른 방식으로 달리기의 즐거움을 알린다. 메인 이벤트는 여의도 둘레길을 걷거나 뛰어 완주하는 '10K오픈런'. 일반적인 기록 경쟁과 달리 참가자들은 각자의 속도로 봄 향기 가득한 코스를 즐기면 된다.

서울 러너스 페스티벌이 특별한 이유는 '함께 달리는 즐거움'에 초점을 맞추고 있다는 점이다. '10K 오픈런'에는 시각장애인 러너와 가이드러너들이 달리기로 하나 되는 즐거움을 나눈다. 또한 4인으로 구성된 40개의 팀이 기량을 겨루며 올해 최고의 러닝크루를 선발하는 '크루랭킹전'에서는 경기에 집중하며 서로를 응원하는 러너들의 모습이 펼쳐진다.

대회전부터 크루원들은 SNS에 자신들의 개성이 담긴 유니폼과 응원 구호를 공유하며, 러닝이 팀워크와 교감의 장이 될 수 있음을 보여 주고 있다.

행사장 한쪽에 마련된 러닝 페어와 시민체력장 등 참여 이

벤트도 볼거리다. 20여 개 스포츠 관련 브랜드들이 참여해 러닝 의류 및 신발, 에너지젤, 스포츠 음료 등을 선보이며 달리기할 때 필요한 각종 물품을 나눠주는 이벤트를 다채롭게 진행한다.

펀 러닝이 주는 즐거움을 경험하는 순간, 운동이라는 프레임은 사라진다. 음악을 들으며 리듬을 타고, 옆 사람과 눈인사를 나누고, 예상치 못한 순간에 웃음을 터뜨리며 발걸음을 내딛는 것. '러너들의 놀이터', 서울 러너스 페스티벌이 지향하는 바는 각자의 방식대로 즐기는 놀이이자 축제 그 자체다.

1분간 시속 20km로 달리는 데 성공한 한 참가자

휠체어를 위한 육의 육동장

"뛰는 게 좋아서 같이 모여서 뛰게 됐는데, 이렇게 좋은 행사를 통해 기부까지 하고 선한 영향력을 끼칠 수 있어서 그 부분이 뿌듯했다."

– 송유상

key word

웰니스 Wellness

: 웰빙well-being과 행복happiness, 건강fitness의 합성어. 신체와 정신은 물론 사회적으로 건강한 상태를 의미한다. 단순히 병이 없거나 아프지 않은 상태를 넘어, 몸과 마음의 균형과 조화를 이루는 것을 목표로 한다.

힙함의 정의가 달라지고 있다. 화려한 파티, 밤새는 클럽 문화, SNS 속 반짝이는 아이템보다 나를 돌보며 자기 관리를 하는 것이 더 쿨한 라이프 스타일로 자리 잡고 있다. 예전에는 잦은 술자리와 바쁜 스케줄을 소화하면서도 '나는 잘 버틴다'라고 느끼는 게 마치 사회적 인정의 기준처럼 여겨졌지만, 이제는 다르다. '한 잔만 더'보다 '운동 끝나고 마시는 프로틴 한 잔'이 더 힙해 보이고, 몸을 망치는 즐거움보다 몸을 건강하게 만드는 루틴이 진짜 멋지다고 여겨진다.

변화는 식습관에서도 확연히 드러난다. 고단백·저당 식품, 기능성 식품, 비건·플렉시테리언 식단을 찾는 사람들이 빠르게 늘고 있다. 먹는 것뿐 아니라 운동, 수면, 정신 건강까지 웰니스 라이프를 실천하는 방식도 점점 더 다양해지는 중이다. 이제는 내 몸을 더 잘 가꾸고 컨디션을 끌어올리는 과정 자체를 즐기는 분위기. 다시 말해 요즘의 힙스터는 밤새 술을 마시고 아침까지 버티는 사람이 아니라, 스마트 워치로 운동량을 체크하고, 건강한 요거트나 주스를 마시며 하루를 시작하는 사람인 거다.

운동 방식도 변화하고 있다. 헬스장에 가야 운동이 된다는 고정 관념이 깨지고, 홈트홈트레이닝, 가상 현실VR 피트니스, 인공 지능AI 기반 맞춤형 운동 앱 등 자기만의 방식으로 건강을 관리하는 흐름이 자리 잡고 있다. 웰니스 트렌드는 '경험'으로 확장되는 중이다. 헬스장 대신 요가 캠프나 디지털 디톡스 프로그램, 건강 관련 카페 같은 새로운 공간을 찾는 사람들도 많아지고 있다.

핏 스테이션

핏 스테이션 이용하기

❶ 핏 스테이션은 서울 지하철 2호선 뚝섬역 3·4번 출구 방향에 있어요.
❷ 평일엔 6시부터 21시, 토요일엔 10시부터 13시까지 이용할 수 있어요.
❸ 무료 PT 체험을 신청해 보세요.
❹ 머리 끈, 땀수건, 운동복은 물론 샤워실과 탈의실도 이용할 수 있어요.

웰니스 라이프 스타일의 확산 속에서, 2024년 12월 '핏 스테이션 Fit Station'이 개장했다. 서울 지하철 2호선 뚝섬역 내부에 조성된 100평 규모의 운동 커뮤니티 공간으로, 과거 펜싱 훈련장이었던 곳을 재구성해 만들었다. 핏 스테이션 운영은 그룹 트레이닝 전문 브랜드 '좋은습관 PT'가 맡았다. 전문의·국가대표 출신 코치 등 높은 전문성을 갖춘 트레이너진이 북미와 서유럽에서 대세로 떠오른 HIIT High-Intensity Interval Training 운동법을 가르친다.

핏 스테이션에서는 합리적인 가격으로 운동을 배울 수 있다. 그룹 PT는 1회 무료 체험이 가능하고, 맨몸 운동 애니멀 플로우과 국가대표 출신 코치가 지도하는 무도 클래스 등 스페셜 클래스도 저렴한 비용으로 경험할 수 있다. 샤워 시설, 파우더룸, 물품 보관함 등 기본적인 편의 시설도 잘 갖춰져 있어, 지하철역에서 운동하고 깔끔하게 씻은 후 출퇴근할 수도 있다. 헬스장을 따로 들르는 대신, 출퇴근길에 운동을 마칠 수 있다는 점에서 핏 스테이션은 도심 속 새로

운 운동 문화로 자리 잡고 있다.

핏 스테이션은 서울시의 '펀 스테이션Fun-Station' 사업의 일환이다. 이 프로젝트는 지하철 역사 내 유휴 공간을 시민들이 문화와 레저를 즐길 수 있는 공간으로 바꾸는 것을 목표로 한다. 2024년 5월 여의나루역에 개장한 '러너 스테이션 지하철역 내 러닝 공간'을 시작으로, 문정역 인근에는 풋살장·배드민턴장·피클볼장이 조성되며, 다양한 운동 테마 공간이 추가로 들어설 계획이다.

출퇴근길에 자연스럽게 운동할 수 있는 환경이 만들어질수록 더 많은 사람들이 새로운 라이프 스타일을 경험하게 된다. 지하철역이 일상의 이동 공간에서 벗어나 웰니스를 추구하는 이들이 특별한 경험을 할 수 있는 '핫 플레이스'로 변신하고 있다.

독섬역 핏 스테이션 경제현 코치

"일주일에 세 번 아니면 네 번 점심시간에 이용해요. 세심하게 가르쳐 주시는 분들도 있고 옆에 잘 하시는 분들을 보고 따라 할 수도 있고 그래서 좋은 거 같아요."

– 성백현/정진성

key word

오운완 🔍

: '오늘 운동 완료'의 줄임말. 자기가 정한 하루 운동량을 채우고, 이를 인증하기 위해 사진으로 남겨 SNS에 '#오운완' 해시태그를 달아 업로드 하는 데서 비롯했다.

'오운완' 열풍은 운동 문화가 대중화되고 있음을 가장 잘 나타내는 현상이다. 코로나 시기에 처음 SNS 피드에 나타나더니, 현대인의 일상에 깊이 자리한 운동 습관의 상징이 됐다. 운동을 직업으로 하는 프로 선수나 근육질 몸매를 뽐내는 몸짱이 아니면 어떠하리. 평소 꾸준히 운동을 해온 사람, 이제 막 PT를 시작한 사람 너 나 할 것 없이 오운완 인증에 진심이다.

이들의 운동 목적은 다이어트나 외모 개선에 국한되지 않는다. 운동을 통해 얻는 성취감, 자신과의 약속을 지켜낸 만족감, 그리고 운동을 함께하는 사람들과의 유대감 등이 더 중요하다. 꼭 특별한 운동 장비나 전문 환경이 갖춰져 있지 않더라도, 줄넘기나 계단 오르기, 자전거 타기, 홈 트레이닝 등 모두가 오운완의 대상이 될 수 있다.

이러한 변화는 도시 공간의 활용 방식에도 영향을 미치고 있다. 서울시는 한강을 도심 속 야외 운동 공간으로 더욱 활성화하고자 '한강 헬스장'을 조성했다. 2024년 12월, 강서한강공원과 광나루 한강공원에 누구나 무료로 이용할 수 있는 헬스장을 오픈해 한강을 찾는 시민들이 더욱 다양하고 체계적인 운동을 즐길 수 있도록 했다.

한강 헬스장

강서 한강공원   광나루 한강공원

한강 헬스장 이용하기

❶ 강서 한강공원 한강 헬스장은 방화대교 남단 인근 가족 피크닉장을 찾으면 만날 수 있어요.
❷ 광나루 한강공원 한강 헬스장은 광진교 남단 수난구조대 앞에 위치해 있어요.
❸ 운동 전 스트레칭은 필수! 한강 헬스장 이용 전 몸을 충분히 풀어주세요.
❹ 기구에 부착된 QR코드를 스캔해 올바른 운동법을 숙지하고 안전하게 운동하세요.

이제 한강에서는 달리기, 자전거 타기, 스트레칭 외에도 근력 운동과 크로스핏 운동까지 즐길 수 있다. 그야말로 다목적 야외 운동 공간이 된 셈이다.

강서 한강공원 헬스장에는 '숄더프레스'부터 '레그프레스'까지, 헬스장에서 볼 수 있는 7종의 기구가 준비돼 있다. 헬스장 맞은

편에는 인공암벽장도 갖추고 있다. 강서보다 조금 더 공간이 넓은 광나루 한강공원 헬스장에는 크로스핏 종합 기구 2종, 등 근육을 강화하는 '호라이즌탈 로우 Horizontal Row' 등 총 10종의 운동 기구가 설치돼 더 다양한 운동이 가능하다. 한강 헬스장의 매력은 운동 기구에 그치지 않는다. 공원과 바로 옆 한강의 탁 트인 경치가 덤이라, 실내 헬스장에서 경험할 수 없는 개방감을 느낄 수 있다. 평소 좁은 운동 공간에 불만이 있었거나, 먼지나 땀에 대한 걱정으로 실내 헬스장을 꺼렸다면, 한강 헬스장이 딱이다. 모든 기구에 QR 코드가 부착돼 있어 운동에 익숙하지 않은 초보자도 사용법과 운동 방법을 쉽게 배울 수 있다.

근력 운동의 특성을 고려해 안전에도 각별히 신경 썼다. 기구마다 다이얼식 무게 조절 시스템을 적용해 손 끼임 같은 사고를 원천 차단했고, 태양광 패널을 이용한 조명 시설을 기구에 설치함으로써 어두워진 이후에도 안전하게 이용할 수 있도록 했다. 직장인이나 야간 운동을 즐기는 이들에게 안성맞춤이다.

주말마다 전문 헬스 트레이너가 상주해 무료로 운동을 가르쳐 준다. 한 회차당 5만 원이 넘는 값비싼 PT를 꼭 받지 않더라도, 전문적으로 운동을 배울 수 있는 좋은 기회다. 또 운동 인플루언서가 참여하는 특별 프로그램, 청소년 수행평가 맞춤형 줄넘기 강연 등 다양한 이벤트를 마련함으로써 한강을 찾는 모든 이들에게 새로운 운동 경험을 선사한다.

일반 실내 헬스장 수준의 운동 기구를 사용할 수 있고, 주말이면 무료 PT를 받을 수 있으며, 강바람을 맞으며 시원하게 운동할 수 있는 한강 헬스장. 이보다 최적의 운동 장소가 있을까? 지금 바로 나가서 나만의 한강 헬스장 루틴을 만들어 보는 것도 좋겠다. 운동이 의무가 아닌 즐거움이 되고, 내일의 #오운완에는 아름다운 한강 풍경이 담길 수 있도록.

인공 암벽장

한강헬스장에 설치된 크로스핏 기구

"못 보던 새 운동 기구들이 생겼더라고요. 운동 기구 중에는 동네 헬스장에서 보던 것도 있고요. 앞으로는 러닝을 한 뒤 여기서 근력 운동으로 마무리하려고요."

– 김도연

파크골프 Park Golf

: 공원에서 치는 골프로, 나무로 된 채를 이용해 공을 잔디 위 홀에 넣는 스포츠다. 일반 골프와 비교해 상대적으로 힘든 기술이 필요하지 않아 남녀노소 누구나 부담 없이 즐길 수 있다.

부유층의 전유물이라거나, 몇 시간 동안 필드를 걸어야 한다는 편견을 깨는 골프가 있다. 공원에서 즐기는 파크골프다. 1983년, 일본 홋카이도 주민들이 나이가 들어서도 지속적으로 즐길 수 있는 스포츠를 고민하다가 기존 골프를 간소화해서 만든 운동이다. 일반 골프보다 훨씬 더 쉽게 즐길 수 있다는 게 가장 큰 특징이자 장점이다. 골프채는 경기 내내 하나만 사용하면 되고, 공도 기존 골프공보다 크고 가벼워 맞추기 쉽다. 그러다 보니 채를 처음 잡아도 금세 적응할 수 있다.

그렇다고 해서 파크골프를 노년층의 전유물로 생각하면 오산이다. 요즘은 젊은 세대에서도 조금씩 관심이 커지고 있다. 가볍게 할 수 있는 캐주얼한 매력이 있다 보니, 친구들끼리 삼삼오오 라운딩을 즐기고, 인증샷을 남기는 모습도 심심찮게 보인다.

일반 골프보다 간편하다고 해서 재미가 줄어들었을까? 파크골프 승부의 관건은 일반 골프처럼 전략적인 요소에 있다. 공이 크고 가볍다고 무작정 휘두르면 안 된다. 코스마다 장애물이 다르고, 거리 조절이 필요하기 때문에 정확한 타격이 중요하다. 바람의 방향을 고려하고, 지형을 읽으며 플레이해야 한다. 손목의 감각이 중요한데, 그래서 미묘한 승부욕을 자극한다. 누구 공이 더 잘 가나 신경전도 벌어지고, 때때로 예상치 못한 반전 플레이가 나와 박장대소하는 장면도 연출된다.

운동 효과도 무시할 수 없다. 공을 치러 이동하는 동안 자연스럽게 걷게 되는데, 한 라운드만 해도 1.5킬로미터 km 정도는 금방 걸을 수 있다. 스윙 동작이 전신을 쓰는 운동이라 근력과 유연성을 기르는 데에도 도움이 된다. 무엇보다 실내에서 하는 운동과 달리, 야외에서 바람을 맞으며 몸을 움직이는 만큼 스트레스 해소에도 제격이다.

파크골프의 매력은 '누구나 쉽게 시작할 수 있으면서도, 하면 할수록 빠져든다'는 점에 있다. 정식 골프처럼 옷과 신발을 맞춰야 할 필요도 없고, 별다른 준비 없이 가벼운 차림으로 공원에 나가 그저 즐기면 된다.

월드컵공원 파크골프장

월드컵공원 파크골프장 이용하기

❶ 파크골프장은 4월부터 11월까지 운영하고, 매주 월요일은 휴장해요.
❷ 이용 요금은 8000원, 클럽과 공 대여료는 2000원이에요.
❸ 이용 예약은 매월 15일 14시 인터파크티켓 웹사이트에서 할 수 있어요. 단, 가족 등 타인 명의로 예약 시 이용이 불가능한 점을 꼭 기억하세요.
❹ 월드컵공원에 방문했을 때, 하늘공원과 노을공원을 연결하는 맹꽁이 전동차를 타고 파크골프장까지 편안하게 이동할 수 있어요.

서울 도심에서도 파크골프를 즐길 수 있다. 노을공원 내에 조성된 월드컵공원 파크골프장은 2만 2000제곱미터㎡ 면적에 18홀 규모로, 2010년 5월 처음 문을 열었다. 이곳의 가장 큰 특징은 서울 도심 한복판에서 자연을 만끽하며 라운딩을 즐길 수 있다는 점이다. 18홀 규모의 코스는 적당한 난이도를 유지하면서도 지형을 살려 설계되었고, 초보자부터 경험자까지 누구나 부담 없이 즐길 수 있도록 만들어졌다. 노을공원 특성상 주변 전망이 탁 트여 있어, 공을 치러 이동하는 동안 눈앞에 펼쳐지는 풍경을 감상하는 것만으로도 힐링이 된다.

개장 이후 이용자 규모가 꾸준히 증가하다 보니 현재는 주중에도 예약이 빠르게 차는 경우가 많고, 주말에는 조기 마감되는 날이 많다. 서울시는 파크골프 인기가 높아짐에 따라 월드컵공원 파크골프장을 기존 18홀에서 36홀로 확장한다. 2025년 9월이면 서울 최초의 36홀 규모 대형 파크골프장이 탄생할 예정이다.

그동안 골프는 나와 거리가 먼 운동이라고 생각했다면, 월

경산시 파크골프장

드컵공원 파크골프장을 한 번쯤 방문해 보면 어떨까. 입장하기 전에 공 하나, 클럽 하나 빌리면 끝이다. 어렵게 배울 것도, 거창하게 준비할 것도 없다. 그냥 가서 치면 된다. 예상보다 멀리 굴러가는 공을 보고 슬쩍 기분이 좋아질 수도, 생각보다 가까운 거리에서 헛스윙을 하고는 웃음이 터질 수도 있다. 올가을, 더 넓어진 필드에서 가볍게 첫 샷을 날려보자.

"파크골프로 슬럼프 이겨내고, 제2의 인생이 시작 됐어요. 원래 체지방도 많았는데 살도 쫙 빠졌고요. 몸이 아픈 사람들에게 꼭 추천하고 싶습니다."

- 전찬규

워런치 Walunch

: 걷기walking와 점심lunch의 합성어로, 점심시간에 짬을 내 산책을 즐기는 직장인을 지칭하는 신조어. 1시간 남짓한 짧은 점심시간을 이용해 걷기 운동을 실천하는 사람들이 늘어나면서 생겨난 용어다.

평일 점심시간, 여의도나 광화문, 강남처럼 회사가 많은 업무 지구를 지나칠 때 흔하게 마주하는 풍경이 있다. 식사를 마치고 삼삼오오 회사 주변 산책로나 공원을 거니는 직장인들의 모습이다. 이처럼 점심시간에 잠시 시간을 내 걸음 수를 채우는 이들을 가리켜 워런치족Walunch族이라 한다. 한 커리어 플랫폼 조사에 따르면 우리나라 직장인의 약 절반가량이 워런치족에 속한다.

혹자는 걷는 행위를 그저 사무실 복귀가 싫은 자의 몸부림 정도로 치부하겠지만, 그 이면엔 조금이라도 더 건강해지고자 하는 인간의 본능이 자리 잡고 있을지 모를 일이다. 걷기는 소화를 촉진할 뿐만 아니라, 체내 혈당 수치를 낮추는 데도 효과적이다. 혈당은 보통 식사 후 30분에서 1시간 사이에 가장 높아지고, 이후 2시간 이내에 정상 범위로 돌아온다. 이때 혈당 수치를 빠르게 안정시킬 수 있는 실천 방법이 바로 가벼운 산책이다.

평소 식사 후 아무것도 하지 않고 바로 휴식하는 편이라면, 운동 욕심은 있지만 왠지 실천이 잘 안된다면 일단, 가볍게 워런치족이 되는 것부터 시작해 보는 건 어떨까. 더욱이 걷기만 해도 현금처럼 사용 가능한 포인트를 받을 수 있다면, 그야말로 일석이조, 일거양득이 아닐 수 없다. 서울에서는 걷기가 곧 재테크가 된다. 스마트폰과 '손목닥터9988+플러스' 앱만 있다면.

손목닥터9988

손목닥터9988 시작하기

❶ 구글플레이 스토어/앱스토어/원스토어에서 '손목닥터9988' 앱을 검색해 설치하세요.

❷ 앱 실행 후, 회원 가입 및 서울시민 서울 소재 직장인 및 대학생 포함 인증을 완료하세요.

❸ 인증이 끝나면 개인 스마트 워치와도 연동할 수 있어요.

❹ 이제 준비 끝! 하루에 8000보 이상 걷고, 다양한 건강 미션을 수행하며 포인트를 쌓아 보세요.

손목닥터9988은 시민의 건강 활동을 장려하고, 이를 실질적인 보상으로 연결하는 서울형 건강 관리 플랫폼이다. 2021년 첫선을 보인 손목닥터9988은 당시 선착순 인원에게 전용 스마트 밴드를 대여해 주고 걷기 활동을 장려하는 형태였는데, 꾸준한 서비스 고도화를 통해 맞춤형 통합 건강 관리 프로그램으로 거듭

났다. 2024년 대대적인 앱 개편을 거쳐 현재는 걷기와 식단 관리는 물론이고 마음 건강 검진심리 검사, 1:1 건강 상담, 각종 건강 데이터 기록까지 누구나 쉽게 이용할 수 있게 되었다. 개인 스마트 워치를 가지고 있다면 간편하게 연동할 수도 있다.

2025년 3월 기준, 지금까지 손목닥터9988을 경험한 서울 시민은 200만 명에 달한다. 그 이유가 무엇일까? 비결은 재미있고 실용적인 보상 시스템이다. 하루에 8000보를 걸으면 200포인트를 받고, 다양한 이벤트와 챌린지, 설문 조사 참여를 통해 최대 10만 포인트까지 적립이 가능하다. 이렇게 모은 포인트는 손목닥터9988 서울페이머니1포인트=1원

손목닥터9988 걷기 챌린지

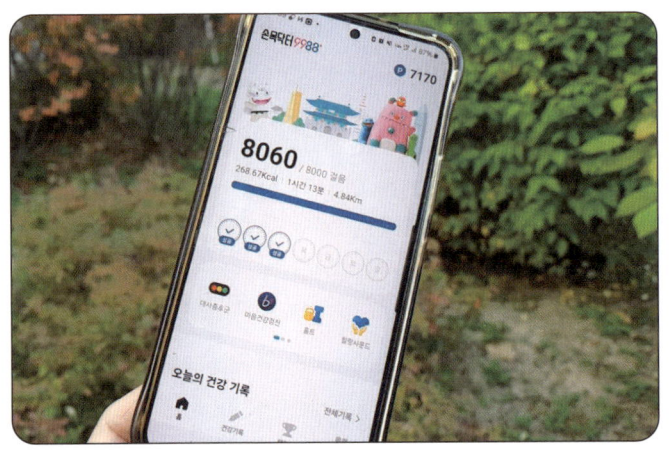

로 전환해 편의점, 마트, 병원, 운동 시설 등 가까운 가맹점에서 현금처럼 사용하거나 따릉이 쿠폰으로 교환할 수 있다. 더군다나 회원 가입만으로도 1000포인트를 바로 적립해주니, 시작부터 혜택이 매력적이다.

초고령사회 진입과 만성질환 증가, 의료비 부담이 심화되는 상황에서, 서울시는 기존의 '치료 중심' 정책에서 벗어나 '사전 예방 및 관리'로 보건 정책의 방향을 전환 중이다. 이 과정에서 핵심적인 역할을 하는 프로그램이 바로 손목닥터9988. 걷기 활동 관리 외에 또 한 가지 주목할 만한 점은 심리 건강 관리 기능인데, 10종의 심리 검사를 제공해 자신의 마음 상태를 간편하게 진단하고, 필요시 전문 상담

과 연계될 수 있도록 지원한다. 이는 우울증, 스트레스, 중독 등 현대인의 심리적 문제를 예방하고 개선하려는 선도적인 시도라 할 만하다.

실제로 손목닥터9988은 이미 시민들의 건강 증진에 의미 있는 성과를 보여 주고 있다. 1차 시범 사업 참여자 5만 명 중 응답자 84.7%가 "건강 생활 습관 개선에 도움을 받았다"라고 답했다. 또 45.2%는 걸음 수 증가를, 과체중·비만 참여자의 12.4%는 체중 감소를 경험했다. 서울시는 향후 건강보험 데이터를 활용해 앱 사용자의 건강 지표 변화를 분석하고, 이를 통해 프로그램의 효과를 더욱 객관적으로 입증할 계획이다. 걷는 것만으로 건강과 경제적 이득을 동시에 누릴 수 있는 손목닥터9988, 단순한 헬스케어 프로그램을 넘어 데이터 기반의 건강 혁신 플랫폼으로 자리 잡고 있다.

"5개월 동안 꾸준히 사용했다. 조금 먼 거리는 따릉이를 탔다. 식습관 기록으로 다이어트에도 도움이 됐다. 먹고 걷고 자고 기록했는데 용돈까지 생긴 기분이다."

– 유지선

> key word

저속 노화 🔍

: 실제 나이보다 빨리 늙는 '가속 노화'의 반대말. 식단과 올바른 생활 습관으로 노화의 속도를 늦추는 건강법을 의미한다.

건강과 관련해 요즘 화두인 키워드를 하나 꼽으라면 단연 저속 노화다. 말 그대로 '천천히 늙을 수 있다'는 희망 가득한 이 단어에 중장년층은 물론, 젊은 세대까지 뜨겁게 반응하고 있다. 관련 도서가 베스트셀러에 오르는가 하면, SNS에는 자기만의 건강 식단을 담은 게시글이 쏟아진다. 화려하고 푸짐한 음식이 아닌 얼핏 보면 밋밋하고 심심하기 그지없는 접시 사진이 대부분이다. 피부 관리로 대표되던 '동안 열풍'을 넘어, 이제는 스트레스 관리와 수면, 식습관까지 종합적으로 다루며 삶의 총체적 리셋을 시도하는 흐름이 커지고 있다.

먹고 싶은 거 다 먹고, 놀고 싶은 대로 노는 것이 청춘의 특권이었던 때가 있었지만, 지금의 젊은 세대는 다르다. 배달 음식이나 편의점 도시락에 누구보다 익숙하지만, 그 대가는 예상보다 빨리 찾아왔다. 20~30대 당뇨병, 고혈압 환자가 급증했다. 예전 같으면 부모 세대가 걱정할 법한 질병이 이제는 젊은 층에서도 흔한 일이 된 것이다. 20대에 만성 피로를 달고 살고, 30대에 혈압약을 먹는 현실 속에서 저속 노화는 모두의 관심사가 되었다.

일상에서 가장 쉽게 실천할 수 있는 저속 노화 방법 중 하나는 당 줄이기다. 건강 관리에 관심이 많아진 요즘, 마구잡이식 영양제 섭취보다 먹는 것부터 조절하는 게 가장 현실적이고 효과적이라는 사실이 주목받고 있다. 그중에서도 특히 설탕이 노화의 속도를 높이는 주범으로 꼽히는데, 혈당이 급격히 오르면 체내 염증 반응이 증가하고, 피부 탄력 저하, 만성 피로, 혈관 건강 악화 등 가속 노화를 일으키기 때문이다.

문제는 우리가 생각하는 것보다 훨씬 많은 당을 매일 무심코 섭취하고 있다는 점이다. 커피 한 잔, 과일맛 요거트, 샐러드 소스, 심지어 건강식이라 믿고 먹는 시리얼까지, 당이 숨어 있는 곳은 예상보다 많다. 그래서 요즘 저속 노화를 실천하는 사람들은 숨은 당 찾기부터 시작한다. 단맛이 강하지 않더라도 성분표를 살펴보면 당 함량이 높은 경우가 많고, 이를 줄이는 것만으로도 혈당 스파이크를 막고 몸의 피로도를 낮출 수 있으니까.

덜 달달 9988

당류 섭취를 줄이는 작은 선택, 이렇게 실천하기!

❶ 목이 마를 땐 음료 대신 물을 마셔요.

❷ 영양 표시를 확인하고, 당 함량이 적은 제품을 선택해요.

❸ 가급적이면 가공 식품보다 자연 식품을 선택하세요.

❹ 샐러드를 먹을 때, 소스와 드레싱은 따로 드세요.

당 섭취를 줄이기 위한 공공 차원의 노력도 확산되고 있는데, 서울시도 본격적으로 덜 달게 만들기에 나섰다. 이름하여 '덜 달달 9988' 프로젝트. 요거트 아이스크림, 마라탕, 탕후루, 탄산음료처럼 달고 자극적인 입맛에 길들여진 식습관을 바꾸기 위한 프로젝트다. 우선, 학교부터 달라진다. 학교 매점에서는 고열량·저

영양 식품 판매 제한이 강화되고, '당 줄이기 실천학교'가 2025년까지 100개교로 확대된다. 해당 학교에서는 매월 5일을 '일당! 오십! 실천의 날'로 지정해 저당 급식을 제공하고, 학생들이 직접 당 줄이기 캠페인에 참여하도록 한다.

학교 주변도 바뀐다. 편의점에서 판매하는 가공식품의 당 함량을 조사해 기준을 마련한다. 아이들이 자연스럽게 건강한 선택을 하도록 유도하는 방식이다.

그런데, 왜 갑자기 학교에서부터 '당 줄이기'에 돌입했을까? 사실 우리는 꽤 오래전부터 '달콤한 위기'를 맞고 있다. 현재 서울의 12~18세 청소년들은 하루 평균 53.4g의 당을 섭취하고 있다. 세계 보건 기구WHO 권고 기준인 50그램g

을 초과한 수치다. 서울의 청소년 비만율은 5년 만에 22.8%에서 26.1%로 증가했고, 고혈압·당뇨 같은 질환도 점점 낮은 연령대에서 발견되고 있다.

덜 달달 프로젝트가 중요한 이유는 건강한 환경 자체를 기본값으로 설정한다는 데 있다. 국내에 저속 노화 열풍을 일으킨 서울아산병원 노년내과의 정희원 교수는 말한다. "지금 무심코 하는 행동이 20년 후 나의 질병 목록이 되어 나타난다." 지금 당 섭취를 줄이면 10년 뒤, 20년 뒤 몸은 확실히 달라질 것이다.

지금 당장 단 음식을 모조리 끊으라는 건 아니다. 시럽 한 스푼 줄이기, 일주일에 다섯 번 마시던 탄산음료는 한 번만 마시기 등 작은 실천이라도 일단 시작하는 게 중요하다. 노화는 피할 수 없지만, 조절할 순 있다. 그리고 그 시작은 '덜 달달한' 선택을 하는 것부터다.

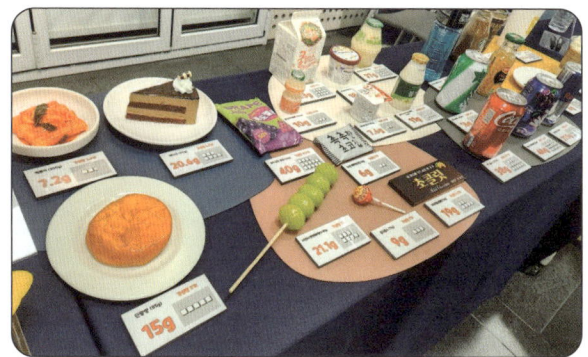

"설탕을 과도하게 먹으면 고혈압이나 당뇨 같은 성인병에 많이 걸린다고 하더라고요. 그래서 그런 부분을 줄이고 건강하게 살기 위해서는 덜 달게 먹는 게 좋다는 것을 배웠어요."

- 손윤경

May
5월

한강 멍때리기 대회
외로움 없는 서울
안심물품

마음을 채우다

> key word

멘탈 디톡스 Mental Detox

: 누적된 스트레스, 부정적인 감정, 불안, 또는 과도한 정보와 같은 정신적 부담을 해소하고, 마음의 균형을 되찾기 위한 활동. 신체 디톡스가 몸에 쌓인 독소를 배출하는 것처럼, 마음의 독소를 정화해 정신적 건강을 회복하는 데 초점을 둔다.

현대인은 하루 평균 34GB에 달하는 데이터를 접한다. 이는 20세기 초 사람들이 평생 동안 접한 정보량과 비슷한 수준으로, 대략 넷플릭스 고화질 영상 11편을 볼 수 있는 양이다.

유튜브 영상을 보고, SNS 계정에 '좋아요'를 누르며, 이메일과 메신저로 소통하고, 잠들기 전 쇼핑 앱에서 물건을 구매하기까지 우리는 하루 종일 정보에 둘러싸여 있다. 멘탈 디톡스가 필요한 이유다.

많은 정보에 노출될수록 정신적 과부하 상태에 빠질 확률이 높다. 뇌가 끊임없이 새로운 자극을 처리하는 사이, 집중력과 창의력은 줄고 피로는 쌓이기 때문이다. 정보 과부하는 스트레스와 불안을 증가시키고 정신 건강에 악영향을 미친다는 점에서 경계해야 한다. 지나치게 많은 정보와 자극은 감정적 고립을 초래하고, 내면의 평화를 깨뜨리기도 한다.

해결책은 간단하다. 주기적으로 뇌를 쉬게 해주면 된다. 쉴 때마저 일과 관계에 대한 걱정이 사라지지 않는다면 그저 잠시 '멍을 때리는' 게 도움이 된다. 겉으로 보기엔 아무것도 하지 않는 것처럼 보이지만, 뇌의 DMN Default Mode Network이 활성화돼 저장된 정보를 정리하고, 불필요한 정보는 지워진다. 이때 스트레스 호르몬이라 불리는 코르티솔 수치는 낮아지고, 행복 호르몬인 세로토닌 분비가 촉진된다. 의도적인 멈춤이 우리 뇌와 마음을 충전시키는 셈이다.

한강 멍때리기 대회

한강 멍때리기 대회 신청하기

❶ 2025년 한강 멍때리기 대회는 5월 11일 잠수교에서 열려요.

❷ 한강 멍때리기 대회 인스타그램 계정을 확인하세요.

❸ 사전 신청자 중 출전 팀을 선정하며 3000팀 이상 접수 시 조기 마감될 수 있습니다.

❹ 대회 당일 결원이 발생하면 현장 추첨으로 충원하니 탈락했다고 실망하지 말고 현장으로 가 보세요!

멘탈 디톡스에 대한 공감이 높아지면서, 한강 멍때리기 대회에 대한 관심도 뜨겁다. 이 대회는 무념무상, 아무것도 하지 않는 사람이 1등이 되는 서울의 대표 이색 이벤트다. 2014년 서울 시청 광장에서 처음 열린 이후, 2016년 가수 크러쉬가 우승하면서 일반 대중들 사이에 더 알려졌다. 그 인기를 보여 주듯 개최 10

주년을 맞이한 2024년 대회에는 80팀 모집에 총 2787팀이 신청해 35:1이라는 경쟁률을 기록했다. 참가자들을 살펴보면 학생, 회사원, 정신과 의사, 국가대표 운동선수, 환경미화원, 인플루언서 등 연령도 직업도 각양각색이다. "최근 걱정이 많아 불면증이 생겼는데 여러 잡념을 떨치고 싶어서", "학교 수업 시간에 하도 멍을 때려 선생님께 혼나서", "명상에 관심이 있는데 직접 해보고 주변 사람들에게 알리고 싶어서" 등등 참가 이유도 가지가지다.

경기의 룰은 간단하다. 90분 동안 그 어떠한 행동도, 생각도 하지 않고 최대한 오래 멍한 상태를 유지하는 것. 몸을 이리저리 움직이거나 자리를 이탈하면 안 되고, 웃거나 잡

2024년 대회에 참가한 곽윤기 선수(왼쪽에서 세 번째)

담을 해서도 안 된다. 당연히 핸드폰이나 전자 기기의 사용도 금지다. 그렇다고 깜빡 졸거나 잠에 들면 즉시 탈락. 멍때리기에 실패하면 퇴장 카드를 받고 저승사자 복장을 한 진행자에 의해 경기장 밖으로 끌려 나간다. 단, 선수들에게는 물, 부채질, 마사지, 기타 불편 사항 해결 등 네 가지 서비스 카드가 제공된다. 그렇게 1시간 30분가량 진행되는 경기 시간 내 관객들에게 투표를 많이 받은 10명을 추리고, 그중 15분 간격으로 체크한 심박수가 가장 안정적인 그래프를 보이는 선수가 최종 우승이다.

1회 대회에서 우승을 차지한 아홉 살 소녀를 시작으로 그동안 여러 우승자가 탄생했다. 우승 비결도 다양한데, 2016년

대회 우승자 크러쉬는 "강 건너에 있는 아파트 창문을 셌다"라고 말했고, 10년째 프로야구팀 한화 이글스 팬이라 밝힌 2022년 우승자는 "그동안 한화의 경기를 보며 멍 때리는 순간이 많았는데 도움이 됐다"라고 했다. 2019년 대회에서 나온 첫 외국인 우승자는 "패턴이 복잡한 양말을 신고 가 대회장에서 하나하나 패턴을 셌다"라고 비결을 밝혔다.

멍때리기 대회를 처음 기획한 작가 웁쓰양은 대회 기획 의도를 이렇게 설명했다. "열심히 일을 하면 돈이 벌리듯, 열심히 일을 했다는 것은 시간도 버는 행위라고 본다. 벌어놓은 돈으로 커피를 마시거나 근사한 옷을 사는 사소한 사치를 누리듯, 시간의 사치도 부릴 수 있어야 한다. 하지만 벌어놓은 시간은 언제나 새로운 일들로 채워지고, 우리는 계속 바쁘게 살아갈 뿐이다. 혼자만 멍때리는 것이 불안하다면, 다 같이 멍때리면 어떨까."
약간은 우스꽝스러워 보이기도 하는 이 대회는 하루하루를 바쁘게 살아가는 현대인들에게 '과연 아무것도 하지 않는 것은 시간 낭비인가?'라는 질문을 던지면서 우리의 몸과 마음에 꼭 필요한 경험을 제안하고 있다.

"아무것도 하지 않으면 아무 일도 일어나지 않는다고 하는데, 아무것도 일어나지 않으니까 아주 좋습니다. 마음이 좋아요."

- 신나리/정유정

> key word

프래밀리 Framily

: 친구friend와 가족family의 합성어. 혈연관계는 아니지만 가족처럼 깊은 유대감과 친밀함을 나누는 친구 또는 사람들을 의미한다. 정서적 유대감을 공유하는 관계를 중시하면서 생겨났다.

먼 친척보다 가까운 이웃이 낫다고 했던가. 학업이나 취업을 위해 고향을 떠나 자취한 경험이 있다면 공감할 수 있을 것이다. 힘들고 지치는 순간엔 내 옆에서 당장 함께해 줄 수 있는 사람에 의지하기 마련이다. 그 존재가 반드시 특별하거나 대단할 필요는 없다. 혼자 아플 때 약 봉투를 들고 와준 친구, 회사에서 힘들었던 날 맥주 한 잔과 함께 진심 어린 위로를 건네준 동료, 취미 모임에서 만난 이들이 모두 프래밀리다.

늦어지는 결혼, 증가하는 이혼율, 빠르게 진행되는 고령화 등으로 인해 외로움을 느끼는 사람이 점점 늘면서 프래밀리의 개념은 더욱 중요해졌다. 2022년 서울연구원이 발표한 자료에 따르면, 서울시 1인 가구 중 62.1%가 외로움을 경험했고, 12.8%는 사회적 고립까지 겪고 있다고 답했다. 젊은 1인 가구는 취업난과 경쟁 심화로 고립감을 느끼고, 고령 1인 가구는 배우자와의 사별이나 자녀와의 거리감으로 외로움을 경험했을 것이다.

이러한 현실 속에서 개인의 행복과 안정, 나아가 건강한 사회를 만들기 위해서라도 새로운 관계망을 형성하고 사회적 지원을 강화하는 것이 중요하다. '친한 사람을 만들면 되는 거 아닌가?'라고 가벼이 넘길 일이 아니다. 외로움과 고립감은 환경적, 심리적, 사회적 요인이 얽혀 있는 복합적인 문제이기 때문이다. 누군가는 무리한 관계 맺음보다, 부담 없이 연결되고 소통할 수 있는 공간과 사람을 절실히 찾고 있을지 모른다. 이것이 프래밀리가 필요한 외로운 이들을 위한 정책이 탄생한 배경이다.

외로움 없는 서울

외로움안녕120 활용하기

❶ 외로움안녕120은 24시간 운영되는 외로움 상담 콜센터예요.
❷ 전화로 '다산콜센터 02-120 + 직통 번호 5'를 누르면 언제든 연결할 수 있어요.
❸ 1차 상담을 진행하고, 필요시 심층 상담을 통해 서비스를 연계해 줘요.

'서울마음편의점'은 간편하게 식사하거나 생필품을 사러 수시로 드나드는 편의점처럼 외로움을 느끼는 누구나, 언제든 찾아가 자신의 이야기를 털어놓을 수 있는 소통 장소다. 여기서는 고립 경험 당사자들과 상담을 나누고 외로움 해소를 위한 정보를 제공받을 수 있다. 2025년 3월부터 종합사회복지관과 1인가구지원센터 등 4곳에서 시범 운영에 돌입했다. 이곳에서는 사회적 고립 위험을 체크 리스트로 자가 진단하고, 고립 회복 당사자와 상담하거나, 관련 정보를 제공받을 수 있다. 간단한 식음료와 소통·모임을 위한 공간도 마련돼 부담 없이 방문할 수 있다.

24시간 언제나 외로움에 대해 상담하고 지원 안내를 받을 수 있는 '외로움안녕120'도 같은 맥락에서 추진되는 사업이다. 서울시 복지재단 내 고립예방센터에 설치된 외로움 상담 콜센터로, 다산콜센터 02-120 직통번호 5번을 통해 연결할 수 있다. 1차 상담을 통해 2차 상담까지 연계하고, 상담 결과에 따른 사후 관리까지 진행된다. 외로운 사람들에게 필요한 것은 단순한 정보 제공이 아니라, 본인의 상황을 진단하고 적절한 도움을 받을 수 있는 체계적인 지원이다.

한편, 일상 속 활력을 높이기 위한 챌린지 프로그램도 신설됐다. '365 서울챌린지'다. 서울시에서 진행하는 생활 프로그램이나 서울야외도서관, 잠수교 뚜벅뚜벅 축제와 같은 야외 행사와 연계해 챌린지 형태로 진행한다. 챌린지에 참여해 성공하면 활동 점수를 부여하고, 적립한 점수에 따라 리워드를 제공하는 방식이다. 서울달 탑승권, 한강캠핑장 이용권, 서울식물원 티켓 등 서울시의 인기 프로그램으로 연계해 시민들의 꾸준한 참여를 유도할 계획이다. 챌린지

은둔 청년을 위한 서울청년기지개센터

성공을 통해 성취감을 느끼고 사회와 소통하며 외로움에서 벗어날 수 있도록 돕는 것이 목표다. 첫 번째 챌린지는 교보문고와 함께 진행한 '마음 여행 독서 챌린지'였다. 2주 동안 선정 도서인 『내가 원하는 것을 나도 모를 때』를 읽고, 인상 깊거나 마음에 와닿는 글귀를 교보문고 '리드로그' 앱을 통해 기록하게 했다. 이 앱에서는 다른 참여자들이 기록한 문장을 볼 수 있고, 참여자 간 자유로운 소통도 가능해 온라인상에서의 프래밀리를 경험할 수 있었다.

서울시는 부담 없이 연결될 수 있는 환경을 조성하는 데 집중하고 있다. 편의점처럼 언제든 들를 수 있는 소통 공간, 24시간 상담을 받을 수 있는 핫라인, 일상을 즐기며 자연스럽게 사회와 연결될 수 있는 챌린지 같은 정책이 하나씩 자리 잡으면, 외로움은 더 이상 개인이 홀로 감당해야 할 문제가 아니라, 사회가 함께 해결해 나갈 과제가 된다.

> key word

안심 디자인

: 디자인 요소를 통해 범죄의 발생 가능성을 줄이는 디자인 방식. 취약 계층을 보호하고 시민의 삶의 질을 향상시키는 데 기여한다. 서울시 생활 안심 디자인은 특히 구도심 취약 지역을 대상으로 적용되었다.

어두운 골목길이 내 걸음에 따라 밝아지면 더 안심하고 걸을 수 있다. 지하철역의 구석진 대기 공간에 설치된 거울로 뒤에서 다가오는 사람을 미리 인지할 수 있다면 심리적 안정감이 커진다. 이렇듯 일상의 공간이 더 안전하고 편안하게 느껴질 수 있도록 돕는 것이 바로 '안심 디자인'이다.

안전한 공간은 눈에 보이지 않는 세심한 설계에서 나온다. 무심코 지나쳤을지도 모르겠지만, 이미 우리 주변에도 많은 안심 디자인 사례가 있다. 공원이나 골목길 등 취약 지역에 설치된 스마트 가로등은 사람이 접근하면 자동으로 밝아진다. 또, 비상시 SOS 버튼을 누르면 경찰과 연결되는 시스템이 있어 긴급 상황 대응이 가능하다.

좁고 어두운 골목길에는 로고젝터_{바닥 투사형 안내 사인}를 설치해 자연스럽게 보행 동선을 유도하고, 곳곳에 설치된 '안심 거울'은 좁고 굴곡진 길거리의 사각지대를 줄여주며, 보행자가 뒤편을 쉽게 확인할 수 있도록 돕는다.

안심물품

서울시 안심벨 '헬프미' 자세히 알기

❶ 헬프미를 안심이 앱과 연동한 후에 긴급신고를 누르면, 자치구 CCTV 관제센터로 연결되어 상황을 확인해요.
❷ 안심이 앱에서 미리 지정한 보호자에게 문자 메시지로 위치가 발송돼요.
❸ 안심물품 지원 관련 자세한 사항은 서울시 누리집을 통해 안내할 예정이에요.

안심 디자인만으로 모든 불안 요소를 해결할 수는 없는 일이다. 디자인이 공간의 구조적 안전을 강화할 수는 있지만, 즉각적인 대응이 필요한 상황에서는 분명 한계가 존재하기 때문이다. 이를 보완하는 역할을 하는 것이 서울시의 안심물품 지원 사업이다. 이 사업은 개인이 위급 상황에서 직접 대처할 수 있도록 도와주는 도구를 제공함으로써, 안심 디자인이 가진 한계를 보완하고 더욱 강력한 안전망을 구축하는 데 기여한다.

'헬프미'는 휴대용 안심벨로, 위급한 상황에서 버튼을 누르면 '안심이 앱'과 연동되어 시시티브이CCTV 관제센터에서 실시간으로 상황을 확인하고, 필요시 경찰이 출동할 수 있도록 설계되었다.

'안심경광등'은 1인 점포 등 범죄에 취약한 사업장을 보호하기 위한 장치다. 비상시 외부에 경광등이 점멸하고 경고음이 울려 즉각적으로 주의를 환기시키고, 시시티브이CCTV 관제센터에서 상황을 파악해 대응할 수 있도록 설계되었다. 이는 범죄 예방 효과뿐만 아니라, 심리적으로도 점포 운영자들에게 안심감을 제공하는 역할을 한다.

'초등학생 휴대용 안심벨'은 서울 시내 초등학교 1~2학년을 대상으로 보급되는 키링 형태의 방범벨이다. 위급한 상황에서 버튼을 누르면 강력한 경고음이 울려 주변에 위험을 즉각 알릴 수 있으며, 아이들이 쉽게 사용할 수 있도록 친숙한 디자인으로 제작되었다. 어린이들에게 스스로를 보호하는 방법을 익히게 하는 교육적 의미도 포함하고 있다.

안심 디자인과 안심물품이 만들어 가는 건 거창한 시스템이 아닌, 일상 속에서 자연스럽게 스며드는 안전하다는 감각이다. 불안을 없애는 것이 아니라 필요할 때 즉시 대응할 수 있다는 확신을 주는 것이다. 길을 밝히는 스마트 조명이 나뿐만 아니라 주변 사람들의 안심에도 기여하는 것처럼, 작은 장치 하나가 모여 모두가 안전하다고 느끼는 도시를 만든다.

"골목길이나 위험한 상황에서 호출 버튼만 누르면 신고가 바로 되니까 안심이 될 것 같아요."

– 황지현

June

6월

쉬엄쉬엄 한강 3종 축제
잠수교 뚜벅뚜벅 축제
한강페스티벌
한강숲과 자연

물길을 따라 걷다

헬시 플레저 Healthy Pleasure

: 건강을 의미하는 '헬시 healthy'와 즐거움을 뜻하는 '플레저 pleasure'의 합성어. 건강을 추구하는 동시에 즐거움을 잃지 않는다는 의미로, 경험과 공유, 재미 요소를 중시하는 엠지 MZ세대 위주로 트렌드가 확산했다.

큰맘 먹고 헬스장에 갔다가 무거운 기구를 아무렇지 않게 휙휙 드는 사람, 탄탄한 몸으로 거울 앞에서 운동 자세를 잡는 사람, 러닝머신에서 쉬지 않고 달리는 사람들을 보고 있노라면 문득 이런 생각이 든다. '나는 왜 저렇게 못하지?'

괜히 주변을 기웃거리며 '중량을 더 올려야 하나?', '이렇게 가벼운 무게로 운동하는 게 의미가 있을까?' 하는 생각이 꼬리에 꼬리를 물다 보면 '에이, 그냥 집에나 가자' 싶다.

헬시 플레저의 관점에서 보자면 운동은 남들과 경쟁하는 것이 아니라, 나만의 방식과 속도로 즐기는 행위이다. 누군가는 무거운 중량을 드는 걸 목표로 하고, 누군가는 가벼운 웨이트와 유산소를 병행하며 체력을 기르기를 원할 수도 있다. 어떤 사람이 정답이라고 할 수 없다. 중요한 건 내 몸과 마음이 즐거운 상태로 꾸준히 운동을 지속하는 일이니까.

운동을 해야 한다는 의무감이 아니라, 하고 나면 기분이 좋아진다는 경험이 중요하다. 핵심은 바로 남들과 비교하지 말기! 누군가는 하루 2시간씩 운동할 수 있지만, 어떤 사람에게는 하루 10분 스트레칭이 최선일 수도 있다. 나에게 맞는 방식으로, 내 속도로 건강을 챙기는 것이야말로 지속 가능한 헬시 플레저다.

쉬엄쉬엄 한강 3종 축제

쉬엄쉬엄 한강 3종 축제 즐기기

❶ 제2회 축제는 2025년 5월 30일부터 6월 1일까지 뚝섬 한강공원에서 열려요.

❷ 3종 경기 외에도 기초 체력 점검, 이색 스포츠 체험 등을 즐길 수 있어요.

❸ 행사 당일 인파가 몰려 교통 혼잡이 예상되니 가급적 대중교통을 이용하는 게 좋아요.

❹ 자세한 3종 경기 코스, 연계 행사 일정은 쉬엄쉬엄 한강 3종 축제 SNS에서 확인할 수 있어요.

헬시 플레저의 취지가 잘 드러나는 행사가 바로 쉬엄쉬엄 한강 3종 축제다. 자신의 체력 수준에 따라 코스를 선택한 후, 순위나 기록 경쟁 없이 수영, 자전거, 달리기 세 종목을 완주하면 메달을 받을 수 있다. 초급자 코스는 수영 200/300미터m, 자전거 10 킬로미터km, 달리기 5킬로미터km이고, 상급자 코스는 수영 1킬로미터km, 자전거 20킬로미터km, 달리기 10킬로미터km로 구성되는데 힘들면 2~3일에 걸쳐 말 그대로 쉬엄쉬엄 완주하면 된다.

2024년 뚝섬 한강공원에서 처음 열린 이 축제에 경기 참가자 1만 명을 포함해 총 63만 명의 시민이 방문했다. 자신의 기초 체력을 점검하는 '서울시민체력장'은 준비된 3500장의 측정표가 조기 소진됐고, 레이저 사격과 로잉 머신 등은 특히 인기가 높았다. 한강공원 수변 무대 일대에서 진행된 한강 요가는 접수 일주일 만에 1000명 모집이 마감됐는데, '쉬엄쉬엄'을 테마로 한 4개의 요가 프로그램에는 매회 사전 신청자 외에 방문객들까지 참여해 약 300명이 한자리

에서 요가 동작을 수행하는 장관을 이루기도 했다.

2025년 2회 축제에는 더 많은 시민들의 참여가 예상된다. 경기 참가자 사전 모집은 성황리에 조기 마감되었고, 일정도 기존보다 하루 늘어나 5월 30일에서 6월 1일까지 사흘간 진행된다. 3종 경기에 참여하지 않더라도, 누구나 참여 가능한 'Fun 체험존'의 다양한 이색 프로그램들은 눈여겨 볼 만하다. 지난해 호응이 높았던 체험 프로그램 외에도 한강 워터슬라이드 한강99팡팡과 카약, 외국인 관광객을 위한 한류 서바이벌 게임 공기놀이, 제기차기 등 다양한 신규 콘텐츠가 진행될 예정이다. 또 축제 시작일인 5월 31일이 고유 명절인 단오라는 점에 착안해 이색 미니 씨름 대회도 열린다.

한강을 배경으로 펼쳐지는 쉬엄쉬엄 한강 3종 축제는 스포츠 이벤트를 넘어, 나에게 맞는 건강하고 즐거운 라이프 스타일을 발견하는 기회가 될 수 있다. 무리하지 않고 나에게 맞는 속도로, 즐겁게 몸을 움직이며 '운동이 즐거움이 될 수 있다'는 것을 경험한다면 말이다. 결국 가장 오래 지속되는 건강 습관은 자연스럽게 몸에 익숙해지는 것에서 시작된다. 쉬엄쉬엄, 가벼운 마음으로 시작한 운동이 나만의 건강 루틴이 되는 계기가 될지도 모를 일이다.

"철인 3종 쉽게 할 수 없는 건데, 체험판으로 경험할 수 있는 좋은 기회인 것 같습니다."

– 한수민

> key word

워커빌리티 Walkablity

: 보행 가능성, 보행 친화성 등으로 직역할 수 있다. 특정 도시나 지역이 얼마나 걷기에 적합한지를 측정하는 기준으로, 워커빌리티가 높은 도시를 '걷기 좋은 도시' 혹은 '걷고 싶은 도시' 라는 의미의 워커블 시티 walkable city 라고 칭한다.

'자동차보다 사람이 주인공이어야 한다!' 단순하지만 강력한 이 원칙을 한 권의 책으로 풀어낸 사람이 있다. 바로 도시 설계자이자 디자이너인 제프 스펙 Jeff Speck. 그는 2012년, 걷기 좋은 도시가 왜 중요한지를 저서 『걸어다닐 수 있는 도시 Walkable City』를 통해 알렸다. 출간 이후 이 책은 전 세계 도시 정책에 지대한 영향을 미쳤고, 도시를 바라보는 우리의 시선을 바꿔 놓았다.

"살기 좋은 도시에서 가장 훌륭한 기능을 발휘하는 힘은, 바로 워커빌리티다. 워커빌리티는 그 자체로 목적이고 수단이자, 척도이다. 걷기에는 많은 신체적·사회적 보상이 뒤따른다. 워커빌리티는 도시에 활력을 불어넣는 동시에 도시의 활력을 가늠하는 가장 유용한 수단이다."

- 제프 스펙, 『걸어다닐 수 있는 도시』, 마티, 2015

제프 스펙은 걷기 좋은 도시가 낭만적인 이상이 아니라, 경제적 번영, 교통 체증과 공해 감소, 시민 건강 증진까지 실질적인 효과를 거두는 목표라고 강조한다. 그는 TED 강연에서도 "사람들을 걷게 만들고 싶다면, 걷는 것이 자동차를 타는 것만큼, 혹은 그보다 더 즐겁다는 걸 알게 해줘야 한다"고 말하며, 걷기 좋은 도시를 만드는 네 가지 원칙을 제시했다. 첫째, 유용해야 하고 useful 둘째, 안전해야 하고 safe 셋째, 편안해야 하고 comfortable 넷째, 흥미로워야 한다 interesting.

전 세계 여러 도시가 그의 원칙을 실천하기 위해 변화하고 있다. 차량 제한 구역을 늘리고, 보행자와 자전거 이용자를 위한 도로를 확대하는 것이다. 서울에서도 도시 공간을 시민들에게 돌려주는 노력을 지속하고 있는데, '잠수교 뚜벅뚜벅 축제'가 대표적인 사례다.

잠수교 뚜벅뚜벅 축제

잠수교 뚜벅뚜벅 축제 즐기기

❶ 2025년 축제는 5월 4일부터 6월 22일까지 매주 일요일에 열려요. 하반기에는 잠수교 전면 보행화 사업으로 축제가 열리지 않으니 참고해 주세요.
❷ 축제에 방문할 땐 반드시 대중교통을 이용해 주세요.
❸ 피크닉 힐링존, 무소음 디제잉 등 일부 프로그램은 사전 예약이 필수!
❹ 구체적인 일정과 프로그램 안내는 축제 누리집에서 확인하세요.

2022년 처음 시작된 차 없는 잠수교 뚜벅뚜벅 축제는 잠수교 위에서 시민들이 자유롭게 거닐며 다양한 문화·여가 프로그램을 즐기는 축제다. 한강 바로 위에서 걷기의 즐거움을 느낄 수 있도록 잠수교 차량 진입을 통제한 가운데 열린다.
3회 차를 맞이한 2024년도에는 잠수교와 반포 한강공원 일대에서 총 15회 개최되었는데, 국내외 관광객 150만 명이 몰리며 높은 인기를 입증했다. 특히 한강 홍보대사 선발을 위한 '한강 라이징 스타'와 80여 척의 선박이 불꽃 쇼를 펼친 '보트 퍼레이드쇼'가 열렸던 날에는 일일 방문객만 19만 명을 기록했다.

축제의 인기 비결은 역시 플리마켓, 거리 공연, 스포츠 체험 등 다양한 즐길 거리와 볼거리다. 매주 진행되는 특별 프로그램들이 사람들을 잠수교로 이끌었다. 하반기에 처음 선보인 40미터m 길이의 대형 슬라이드 놀이 기구 '뚜뚜 바운스'는 시작 전부터 늘어선 대기 줄이 종료 시점까지 줄어들지 않을 정도로 호응이 폭발적이었다.

잠수교 뚜벅뚜벅 축제는 도시 공간 활용에 대한 새로운 가

잠수교 선셋요가

가면 퍼레이드

능성을 제시하고 있다. 자동차 중심의 도로를 일시적으로 나마 보행자에게 개방하면서, 도시가 보다 친환경적이고 사람 중심적인 공간으로 변할 수 있음을 보여 준다. 축제 기간 동안 주변의 자동차 소음이 사라지면서 시민들은 보다 쾌적한 환경에서 여가를 즐길 수 있게 된다.

여기에 푸드트럭과 플리마켓을 운영해 서울 소상공인들의 경제 활동 활성화에도 기여했다. 축제 만족도 조사 1위로 뽑힌 푸드트럭 '뚜뚜 야시장'은 축제 기간 12억 원에 가까운 매출을 올렸고, 상설 프로그램으로 매 회차 잠수교를 채웠던 '찐플리마켓'과 '동행마켓, 농부의 시장'은 각각 1억, 2억 원대의 실적을 기록하며 시민들이 다양한 가치 소비를

6월 | 물길을 따라 걷다

잠수교 뚜벅뚜벅 축제 | 무소음 디제잉

경험할 수 있는 장을 마련했다.

한강 위를 자유롭게 거닐고, 문화를 향유하며, 함께 시간 보내는 경험은 앞으로 도시가 나아가야 할 방향이라 해도 과언이 아니다. 더 많은 사람들이 걷고 싶은 도시, 즐거운 보행 경험이 있는 도시, 그리고 모두가 함께 어울리는 도시는 결국 건강해질 수밖에 없다. 이 잠깐의 특별한 축제가 서울의 워커빌리티를 더욱 높이는 시작이 되기를 바란다.

"잠수교가 낮아서 그런지 한강을 가까이서 볼 수 있어서 기분도 상쾌하고 좋았어요."

- 양은선

어반 힐링 Urban Healing

: 도심을 뜻하는 어반 urban과 마음의 치유를 뜻하는 힐링 healing의 합성어. 도심 속에서 휴식처를 찾아 짧은 여가를 즐기는 것을 의미한다.

빽빽한 건물 사이에서도 우리는 잠시 숨 돌릴 공간을 찾는다. 벤치에 앉아 바람을 맞거나, 퇴근길 공원 흙길을 걸으며 하루의 무게를 내려놓는 순간이 있다. 이것이 바로 어반 힐링이다. 도심 한가운데에서도 자연과 연결되며 몸과 마음을 회복하는 경험이야말로 어반 힐링의 본질이다.

어반 힐링이 중요한 이유는 간단하다. 인간은 본능적으로 자연을 원한다. 하지만 매일 같이 바다나 산을 찾아 떠날 수는 없는 노릇이다. 그래서 어반 힐링은 멀리 떠나지 않아도 도심 속에서 자연과 연결될 수 있도록 하는 데 초점을 맞춘다.

그렇다 해서 어반 힐링이 쉴 수 있는 공간만 의미하는 건 아니다. 중요한 것은 '공간이 어떻게 사용되는가'다. 벤치 하나를 놓더라도 그것이 건물 사이 좁은 골목에 놓이는 것과 햇살이 스며드는 숲길 중간에 놓이는 것은 완전히 다른 장면을 만든다. 같은 나무 한 그루도 도로 한복판에 서 있는 것과 산책길 옆에 자리한 것은 그 역할이 다르다.

어반 힐링이 주는 가치는 사람들이 더 쉽게 관계를 맺도록 하는 데 있다. 벤치에 앉아 있는 노부부, 강아지와 산책하는 사람, 함께 모여 요가를 하는 그룹이 같은 공간에서 자연스럽게 교류하며 공동체를 형성하기도 한다.

서울에서도 어반 힐링의 개념은 점점 확장되고 있다. 공간의 쓰임을 고민하는 방향으로 변화하는 것이다. 대표적인 사례가 한강이다. 과거 한강은 강변 공간이었지만, 지금은 시민들이 쉬고, 운동하고, 문화를 즐기는 복합적인 공간으로 자리 잡고 있다. 특히, 한강페스티벌은 서울을 대표하는 사계절 축제로, 한강을 배경으로 다양한 문화·여가 프로그램을 운영해 시민들에게 도심 속 힐링을 제공한다.

한강페스티벌

한강페스티벌 즐기기

❶ 한강페스티벌은 봄, 여름, 가을, 겨울 사계절 내내 진행돼요.
❷ 도전, 문화, 휴식 테마별로 다양한 프로그램이 준비돼 있어요.
❸ 한강페스티벌 누리집에서 자세한 축제 일정과 프로그램을 확인해 보세요.
❹ 계절별로 진행되는 이벤트에 참여하면 푸짐한 선물까지 팡팡!

한강페스티벌은 '한강몽땅 여름축제'라는 이름으로 2013년 시작되었다. 한강을 여름철 대표 피서지로 활용하려는 목적에서 출발한 만큼 초기에는 수상 레저, 야외 공연, 생태 체험 등 여름 특화 프로그램이 주를 이뤘다. 그러다 시간이 지나면서 한강이 사계절 내내 시민들이 즐길 수 있는 공간이라는 점이 부각되었고, 마침내 2022년 '한강페스티벌'이라는 이름 아래 계절 특화 프로그램을 운영하는 사계절 축제로 확장했다.

봄에는 가족 단위 시민들이 한강을 더 편하게 즐길 수 있도록 버블쇼, 인형극 등이 열리는 야외극장, 가족 체험 프로그램 등이 운영된다. 강변 잔디밭에 빈백을 배치해 여유롭게 독서를 하거나, 따뜻한 날씨 속에서 야외 공연을 감상할 수 있다. 한강이 가장 활발하게 이용되는 여름엔 '가성비 좋은 한강 피서'를 주제로 수상 레저, 야외 영화 상영, 야간 행사 등이 중심을 이룬다. 카누·요트 체험과 강변에서 피크닉을 즐기며 문화 공연을 감상하는 형태의 이벤트가 수시로 열린다.

나만의 한강호 경주대회

한강별빛소극장

 가을에는 '건강한 한강 산책'을 주제로 점핑 피트니스, 패들보드 요가 등 몸 건강을 지킬 수 있는 프로그램과 오케스트라 공연 등 마음 건강을 충전할 수 있는 프로그램을 선보이며 웰니스 페스티벌로 진행된다. 바람이 선선해지는 계절인 만큼, 천천히 한강의 자연을 만끽하며 즐길 수 있는 프로그램으로 구성된다. 겨울에는 한강이 보다 낭만적인 공간으로 변신한다. 이색 감성 공간 '스노우 돔', 겨울 생태 체험 등 겨울에도 시민들이 한강을 즐길 수 있도록 다양한 시도들이 이뤄지고 있다.
 어반 힐링은 '우리 삶에 자연을 더 많이 넣자'는 단순한 접근이 아니다. 사람들이 어떻게 하면 조금 더 숨을 고르고,

광평 피트니스

뚝섬누수

한강페스티벌

편안함과 즐거움을 느낄 수 있을까를 고민하는 과정이다. 바쁜 하루를 끝내고 한강 둔치를 따라 걸을 때, 잔디밭에 앉아 책장을 넘길 때, 강물 위에서 반짝이는 불꽃을 바라볼 때, 우리는 한강이 도심 속 쉼표라는 사실을 깨닫는다. 그곳에서 우리는 잠시 멈춰 숨을 고르고, 계절이 바뀌는 모습을 지켜보며, 다시 앞으로 나아갈 힘을 얻는다.

해질녘가을음악회

한강무소음DJ파티

한강시네마통음

한강무직통음

한강썸머뮤직피크닉

"와보니까 맛있는 것도 많고 분위기도 좋고…. 여자친구랑 색다른 분위기 낼 수 있어서 기분이 좋아요."

– 전상훈

key word
숲세권 🔍

: 숲이나 산이 인접해 있어 자연 친화적이고 쾌적한 환경에서 생활할 수 있는 주거 지역. 자연이 가까워 사계절 변화를 느낄 수 있고, 등산이나 산책 등의 여가 생활을 누릴 수 있다. 역세권을 잇는 각종 O세권이 탄생했다. 슬리퍼 신고 다닐 수 있는 거리에 각종 여가, 편의 시설이 있는 '슬세권'이 잠시 유행인가 싶더니 도보로 통학 가능한 곳에 학교나 학원가가 밀접한 '학세권', 대형 병원이나 약국이 가까운 '의세권', 심지어 스타벅스가 가까운 '스세권'이라는 신조어까지 나왔다. 최근에 가장 주목받는 키워드는 '숲세권'이다. 집 가까이에 숲과 녹지가 있어 자연을 쉽게 접할 수 있는 환경을 의미한다.

숲은 모두에게 이롭다. 직장인들에게는 출근 전후로 가볍게 조깅하며 하루를 열고 마무리할 수 있는 산책로가 된다. 자녀가 있는 부모에게는 아이의 창의성과 감성을 키워주는 공간이고, 강아지를 키우는 사람들에게는 반려견이 자유롭게 뛰어놀 수 있는 자연 놀이터다. 또 은퇴한 시니어 세대에게는 혈압을 낮추고 우울증을 예방해 주는 자연 주치의가 되어주기도 한다. 결국 숲세권은 입지가 아니라, 사람들이 원하는 라이프 스타일을 반영하는 새로운 주거의 기준이다.

서울은 지금 한강숲 조성 사업으로 숲세권을 넓히고 있다. 2025년까지 한강변에 총 21만 그루의 나무를 추가로 심는데, 사업이 끝나면 한강에는 총 371만 그루의 나무가 숨을 쉬게 된다. 숫자만 보면 감이 잘 안 올 수 있는데, 한강 곳곳에 축구장 140개 크기의 숲이 만들어지는 것과 같다. 지금까지 한강공원 하면 넓은 잔디밭과 자전거 도로를 떠올렸지만, 조만간 울창한 나무들이 강바람을 막아주고 그늘을 만들어주는 숲을 떠올리게 될 것이다.

한강숲과 자연

한강 생태학습 프로그램 참여하기

❶ 1월부터 12월까지 연중 운영되는 무료 생태 학습에 참여해 보세요.

❷ 숲 놀이, 생태 투어, 원데이 클래스 등 다양한 프로그램이 마련돼 있어요.

❸ 장소는 강서습지생태공원, 난지생태습지원, 여의샛강생태공원, 암사생태공원, 고덕수변생태공원이에요.

❹ 자세한 프로그램 확인과 예약은 서울시 공공 서비스 예약 페이지 자연/과학 카테고리에서 할 수 있어요.

한강숲은 강물에서 얼마나 가까운지에 따라 조성되는 형태가 다르다. 강이 바로 앞에 흐르는 물가에는 갈대와 버드나무 같은 '생태숲'을 조성해 다양한 동식물이 서식할 수 있도록 만들고, 시민들이 가장 많이 이용하는 구역에는 커다란 나무를 심어 여름에도 시원한 그늘을 제공하는 '이용숲'을 만든다. 또, 자동차

도로와 가까운 곳에는 소음과 먼지를 차단하는 '완충숲'을 조성해 도심 환경을 더욱 쾌적하게 바꾼다. 인공 콘크리트로 조성했던 호안강변 구조물은 모두 걷어내고 흙과 자갈, 큰 돌로 덮는다. 한강은 그야말로 서울 한복판을 가로지르는 거대한 녹색 쉼터가 된다. 몇 그루의 나무가 더 늘어나는 차원이 아니라, 한강을 따라 녹색 띠가 만들어지고, 강변을 따라 걷는 모든 길이 숲길이 되니 말이다.

한강에 거대한 숲이 들어서면서 만들어 내는 가장 큰 변화는 생태계의 회복이다. 나무 한 그루는 연간 약 35g의 미세먼지를 흡수한다고 알려지는데, 371만 그루의 나무가 자라면 한강숲은 거대한 공기청정기가 된다. 무더운 여름엔 그

늘을 만들어 도심 열기를 식히고, 비가 많이 내릴 때는 땅에 스며드는 빗물을 조절해 홍수도 예방하는 다목적 공기청정기다.

이렇게 되면 한강을 떠났던 생물들도 더 많이 돌아올 것이다. 실제로 콘크리트 인공 호안을 허문 강에는 멸종 위기종인 수달이 다시 나타나고, 청둥오리, 왜가리, 맹꽁이 같은 동물이 발견되고 있다. 이러한 사실은 데이터로도 입증되는데, 2007년 1608종이었던 한강 서식 생물종은 2022년 2062종으로 약 30% 증가했다.

불과 20여 년 전 콘크리트로 덮였던 한강변은 이제 서울을 대표하는 생태 공간이자, 시민들의 일상을 더욱 풍요롭게 하는 쉼터다. 한강에 울창한 숲이 들어서면, 서울은 더욱 쾌적하고 지속 가능한 도시로 나아가게 될 것이다. 도심 속에서 멀리 가지 않아도 푸른 숲길을 걸을 수 있다는 것은 행운이다. 잠시 짬을 내 숲을 따라 강변을 걷고, 주말이면 커피 한 잔을 들고 벤치에 앉아 새소리를 듣는 풍경이 곧 일상이 될 것이다.

밤섬

July

7월

서울썸머비치
수변감성도시
한강공원 수영장

여름을 즐기다

key word ▶

스테이케이션 Staycation 🔍

: 머물다 stay와 휴가 vacation를 합성한 신조어. 휴가철에 먼 곳으로 떠나지 않고 도심 내에서 휴가를 즐기는 것을 의미한다.

여름 휴가철이 가까워질수록 어디론가 떠날 궁리를 하게 되지만, 사실 떠난다는 건 생각만큼 쉬운 일은 아니다. 공항에는 인파가 몰리고 연착된 항공편과 끝이 보이지 않는 탑승 수속 줄에서부터 진이 빠진다. 공항만의 일인가. 길게 늘어선 톨게이트, 꽉 막힌 고속도로, 휴가지에서 다시 시작되는 교통 체증까지. 이쯤 되면 휴가라 쓰고 인내심 테스트라 읽어도 이상할 게 없다.

여기 이동 스트레스 없이 완벽한 휴가를 보내는 방법이 있다. 비행기표도, 장거리 운전도 필요 없는 새로운 방식, 스테이케이션이다. 한때는 휴가철에 도심에 머무르는 것이 어쩔 수 없는 선택처럼 보이기도 했지만, 최근엔 오히려 더 만족스러운 휴식 방법으로 인식되고 있다. 공항이나 기차역에 갈 필요도, 장거리 운전을 걱정할 필요도 없다. 집에서 한두 시간 거리의 호텔에서 하루를 보내거나, 도심 속 피서지를 찾아 새로운 기분을 느끼는 것만으로도 충분하다.

그렇다고 해서 스테이케이션을 '집 근처 휴가' 정도로 치부하면 안 된다. 진짜 스테이케이션은 익숙한 공간에서 새로운 경험을 발견하는 과정이다. 도시를 벗어나지 않았을 뿐 지금껏 한 번도 가보지 않은 곳이나, 평소에는 무심코 지나쳤던 장소에서 완전히 다른 감각을 깨우는 거다. 꼭 멀리 가야만 특별한 순간을 만날 수 있는 건 아니라는 걸 스테이케이션이 증명한다.

서울썸머비치

여러 형태의 스테이케이션 중 하나가 바로 서울썸머비치다. 광화문 광장이 해변으로 변해 도심 한복판에서 무더위를 날릴 수 있다. 그 중심에 광화 워터파크가 있다. 높이 7.5미터m의 워터슬라이드는 보기만 해도 짜릿하고, 길이 40미터m의 대형 수영장은 더위를 잊게 만든다.

바로 옆에는 바닷가 휴양지를 그대로 옮겨 놓은 듯 비치 파라솔, 아트 그늘막 등이 놓인 썸머피서존이 있다. 곳곳에 야자수 나무 장식까지 어우러져, 파라솔 아래 선베드에 누워 하늘을 바라보고 있노라면 기분은 휴양지와 다를 바 없다. 개장 첫해였던 2023년에만 68만 명이 찾았을 정도로 시작부터 큰 인기를 끌었던 서울썸머비치. 2024년에는 그 규모를 두 배 더 키웠다. 워터파크는 1일 5회차로 운영해 하루 최대 4000명을 수용했다. 1시간 20분씩 진행되는 각 회차가 끝나면 10분간 수질 관리 시간을 갖고, 30명 이상의 안전 요원이 상시 대기하며 안전을 책임진다. 샤워 부스와 로커 시설, 탈의실과 건조 시설 등 편의를 위한 각종 시설도

잘 갖췄다. 바쁜 일정 때문에 멀리 떠날 수 없는 사람들, 짧은 시간 안에 특별한 여름을 경험하고 싶은 사람들에게 완벽한 휴가지다.

꼭 멀리 떠나야만 여행이고 휴가인가. 서울 한복판, 그것도 우리가 매일 익숙하게 지나치는 거리에서, 예상치 못한 특별한 순간을 맞이하는 것. 그것이야말로 서울썸머비치, 그리고 스테이케이션이 주는 진짜 매력이다.

"자주 나오는 곳인데 이렇게 물 놀이터가 생겨가지고 오기도 좋고 너무 즐거운 경험인 것 같습니다."

- 김은주

▶ key word | **물멍** 🔍 |

: '물'과 '멍때리기'의 합성어로, 물을 보며 멍하게 있는 상태를 말하는 신조어다. 복잡한 생각을 내려놓고 자연의 움직임을 지켜보는 힐링 방법 중 하나로, 비슷한 용어로 모닥불 타오르는 모습을 바라보는 '불멍'이 있다.

물멍이라는 단어가 사람들 입에 오르내리기 전부터 청계천은 시민들이 자연스럽게 물을 바라볼 수 있는 공간이었다. 점심시간이면 직장인들이 삼삼오오 모여 앉아 여유를 즐기고, 해 질 녘이면 산책하는 사람들로 가득 차는 모습. 지금은 너무나 익숙하고 당연한 풍경이지만, 불과 20여 년 전만 해도 청계천은 지금과 전혀 다른 모습이었다.

산업화가 본격적으로 진행되면서 청계천은 점차 서울의 천 덕꾸러기로 전락했다. 악취가 심해지고, 위생 문제가 불거졌다. 결국 1960년대, 서울시는 청계천을 덮고 그 위에 도로를 깔았다. 1970년대에는 고가도로까지 들어서면서, 하천의 흔적은 완전히 사라졌다.

그렇게 30년 넘는 시간 동안 청계천은 점점 잊혀갔다. 물이 흐르던 자리에는 자동차가 쉴 새 없이 오갔고, 빨랫감과 일상이 모여들던 공간엔 소음과 매연만 가득했다. 변화는 2003년, 대대적인 청계천 복원 프로젝트로부터 시작됐다. 도로를 철거하고 물길을 되살리는 2년간의 노력을 통해 2005년, 마침내 청계천은 다시 서울의 중심을 흐르게 된다. 복원된 청계천은 산업화 과정에서 잃어버린 물줄기의 재생이자, 시민과 서울을 찾는 모든 이들을 위한 휴식 장소다. 예전처럼 물을 긷고, 빨래를 하고, 목욕을 하는 생활 하천으로서 기능하지는 않지만, 시대가 원하는 또 다른 방식으로 도시 속에서 제 역할을 해내고 있다.

수변감성도시

2025년 새로 조성되는 수변 활력 거점 10곳

- **정릉천** | 동대문구 제기동
- **안양천** | 구로구 신정동
- **장지천** | 송파구 문정동
- **구파발천** | 은평구 진관동
- **우이천** | 강북구 도봉로
- **여의천** | 서초구 양재동
- **양재천** | 강남구 개포동
- **성북천** | 성북구 보문로
- **묵동천** | 중랑구 묵동
- **당현천** | 노원구 상계동

그리고 지금, 서울 시내 곳곳의 더 많은 물길이 변화를 앞두고 있다. 서울을 흐르는 334킬로미터km 동네 하천을 재편하는 '수변감성도시' 사업이 진행 중이기 때문이다. 2022년 사업 발표 이후, 2024년 기준 현재까지 8곳의 수변 활력 거점이 운영되고 있다.

가장 대표적인 사례는 서대문구 홍제천 홍제 폭포. 2022년 11월 개장한 이곳은 인공폭포 앞에 위치한 카페와 휴식 공간으로, 개장 1년 반 만에 100만 명 이상이 방문하며 서대문구의 새로운 명소가 되었다. 관악구 도림천 공유형 수변 테라스는 전통 시장과 하천을 연결하는 공간이다. 신원시장에서 구매한 음식을 수변에서 즐길 수 있도록 설계해, 지역 상권과 자연스럽게 연계했다. 종로구 홍제천 상류는 역사문화 공간으로 조성되었다. 홍지문과 탕춘대성 등 서울의 역사 유산과 하천을 연결하는 공간으로, 서울의 이야기를 품고 있는 장소로 재탄생했다.

수변감성도시 사업은 시민들이 물을 가까이에서 즐기고,

세곡천

홍제천

머무르고, 자연스럽게 교류할 수 있는 공간으로 만드는 데 초점을 맞추고 있다. 그렇기 때문에 모든 하천을 천편일률적으로 개발하지 않고 각 하천의 역사적, 경제적, 지리적 조건을 반영해 설계했다.

하천은 그 지역의 오랜 문화를 담고 있는 공간이다. 과거 청계천이 산업화 과정에서 사라졌다가 복원되며 서울의 상징적인 장소가 된 것처럼, 서울의 다른 하천들도 각자의 이야기를 되찾고 있다. 홍제천 폭포 앞에서 커피 한 잔 하며, 도림천 수변 테라스에서 시장표 간식을 나누며, 홍제천에서 홍지문 야경을 바라보며 그곳에 흐르는 시간과 이야기를 마주해 보는 것도 좋겠다.

물광장

홍제폭포

"그동안 홍제천에 나왔을 때 할 것이 없었는데 아기랑 더 오랜 시간 동안 머물 수 있게 된 것 같고, 주민 입장에서는 정말 좋은 것 같아요."

- 서지혜

> key word

시티 바캉스 City Vacance 🔍

: 도심 속에서 바캉스를 즐기는 것을 의미한다. 잠깐의 바캉스를 떠난 듯 도심 속에서 다양한 즐길 거리를 만끽하는 것으로, 유사한 단어로는 '호캉스 호텔+바캉스'가 있다.

우리가 여름 휴가철에 자주 사용하는 바캉스란 단어는 프랑스어 'vacance'에서 유래했고, 이는 '비어 있는', '자유로운'이라는 뜻의 라틴어 'vacare'에서 파생했다. 즉, 바캉스의 본래 의미는 '비어 있는 시간'이라 할 수 있다. 바캉스를 떠나는 것은 삶의 템포를 잠시 멈추고 여유를 찾는 시간이라는 점에서 특별한데 최근엔 그 개념이 도시와 결합했다.

휴식을 위해 굳이 먼 장소로 이동하지 않고, 현재 있는 곳에서 순간을 즐기는 것에 집중하는 것이 시티 바캉스의 매력이다. 집에서 쉬는 것과는 이야기가 다르다. 익숙한 도심에서 평소와는 다른 방식으로 시간을 보내는 것이 관건. 뜨거운 여름을 가장 생생하게 마주하면서 시티 바캉스를 실현할 수 있는 곳은 한강공원 수영장이 아닐까.

어쩌면 진짜 여유를 느끼는 순간은 끊임없이 팔을 젓고 발장구를 치는 짧은 시간보다, 물속에 천천히 몸을 맡기거나 그늘 아래 선베드에 누워 가만히 눈을 감는 시간일 것이다. 찰랑이는 물소리, 부드러운 바람, 멀리 들려오는 웃음소리를 들으며 도심 한복판에서 온전히 쉬는 경험. 시티 바캉스의 본질은 이런 순간에 있다.

한강공원 수영장

한강공원 수영장 이용하기

❶ 매년 여름 시즌, 매일 9시부터 운영을 시작해요.

❷ 입장료는 수영장 어린이 3000원/청소년 4000원/성인 5000원 과 물놀이장 어린이 1000원/청소년 2000원/성인 3000원 이에요.

❸ 수영장 이용 시 수영복 및 수영모는 필수 착용!

❹ 수영장 내 매점이 있지만, 개인 간식을 챙겨도 됩니다. 단, 배달 음식과 주류는 반입 금지예요.

한강 수영장은 1989년 뚝섬과 잠원지구에 처음으로 만들어진 이후 매해 여름마다 시민들에게 개방되었으며, 지금은 여름철에 빼놓을 수 없는 명소로 자리 잡았다. 한강 수영장의 매력은 각기 다른 특성을 가진 여러 개의 수영장과 시설들이 있다는 점이다. 뚝섬 수영장은 한강변의 경치 덕분에 멋진 사진을 건질 수 있고,

지하철 7호선과 가까워 접근성이 뛰어나 친구나 연인과 함께 방문하면 좋다. 여의도 수영장은 워터파크 시설이 잘 갖추어져 있어 가족 단위 방문객들에게 인기가 높은데, 유익한 프로그램도 마련돼 있다. 유동 인구가 많은 광나루 수영장은 재조성 공사 중으로 2026년 재개장 예정이다. 성산대교 성능 개선 공사로 문을 닫은 망원 수영장은 2029년 개장한다.

수영복 대신 간편한 복장으로 이용할 수 있는 물놀이장도 있다. 난지 물놀이장은 인피니티풀 형태로 한강을 가까이에서 조망할 수 있어 인기가 많다. 보수 공사 등의 이유로 5년 만에 재개장한 잠실 물놀이장은 실개천과 모래섬 등 자연 친화적인 공간에서 물놀이를 즐길 수 있다.

"오랜만에 수영장 와서 너무 좋고, 친구랑 같이 와서 기분이 더 좋아요."

– 조아라

여의도 수영장

야간에는 영화 상영과 음악 공연을 즐길 수 있는 행사도 열린다. 잠실 물놀이장에서는 튜브를 타고 물 위에서 영화를 감상하는 '한강시네마퐁당'이, 난지 물놀이장에서는 재즈와 어쿠스틱 밴드의 라이브 공연을 들으며 야간 수영을 즐길 수 있는 '한강뮤직퐁당'이 열려 한강의 야경을 감상하며 여름밤을 즐기는 특별한 순간을 제공했다.

2025년엔 한강공원 수영장에 더 큰 변화가 생길 예정이다. 폭염과 열대야 등 기후 변화를 고려해 운영 기간을 8월 말까지 연장한다. 또 시민 호응이 높았던 야간 개장도 상시 운영하기로 했다. 시설 면에서는 경관 조명을 추가 설치해 휴양지 리조트에서 느낄 수 있는 분위기를 더하고, 순차적으로 자연 친화적인 공간으로 정비해 나간다.

이러한 변화는 한강공원 수영장이 도심에서 자연과 여유를 온전히 느낄 수 있는, 시티 바캉스에 한층 더 특화된 곳으로 자리 잡고 있음을 보여 준다. 뜨거운 태양 아래 물속을 유영하고, 밤이 되면 반짝이는 조명 아래 한강의 야경을 바라보며 더위와 일상으로부터 해방되어 보는 건 어떨까. 선선한 바람이 스치는 물가에 앉아 여유롭게 흐르는 시간을 느끼는 것만으로도, 서울의 시티 바캉스는 더할 나위 없이 완벽해질 것이다.

양화 한강 수영장

7월 | 여름을 즐기다

신도림 물놀이터

한강공원 수영장

August
8월

전통 시장 활성화
한강버스
정원도시 서울

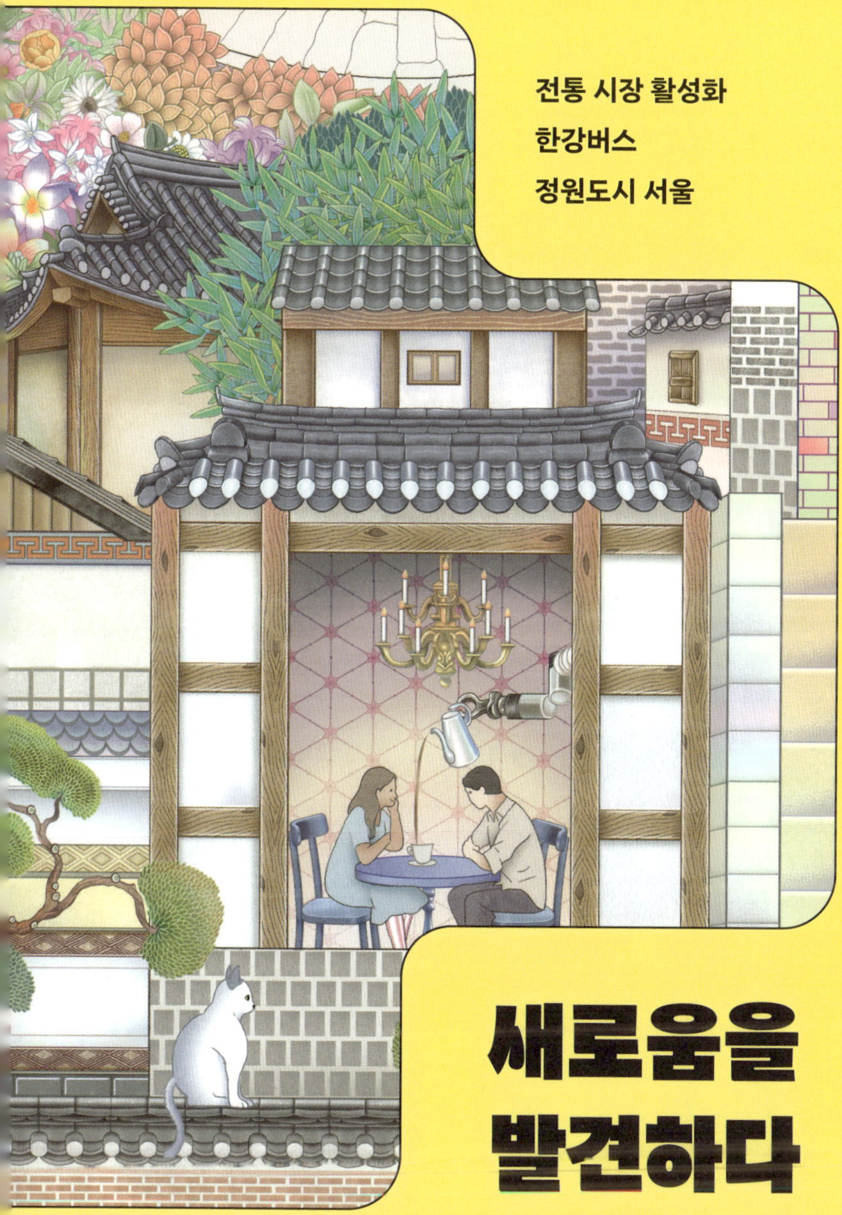

새로움을 발견하다

> **key word**
>
> ## 힙트레디션 Hip Tradition

: 유행에 밝고 개성이 강하다는 의미인 '힙hip'과 전통을 뜻하는 '트래디션tradition'이 합쳐진 말. 전통문화를 현대적으로 재해석해 즐기고 소비하는 젊은이들이 늘면서 생겨난 말이다.

젊은 세대는 분위기 있는 곳을 기가 막히게 찾아낸다. 한옥 카페, 레트로 감성 술집, 옛 간판이 남아 있는 분식집…. 다음은 전통 시장이다. 낡은 간판, 손글씨로 쓰인 메뉴판, 투박하지만 푸짐한 음식까지. 오래된 가게 특유의 분위기가 감성적인 경험으로 재해석되면서 전통 시장이 핫플로 떠오르고 있다. 줄 서서 먹는 맛집도 좋지만, 친구들과 핫도그 하나씩 든 채 골목을 탐험하고, 오래된 떡집에서 방앗간 기름 냄새 맡으며 인절미를 고르는 것이 이들에겐 신선한 재미이고, 힙트레디션이다.

전통 시장이 인기를 끄는 이유는 명확하다. 일단, 스토리가 있다. 대형 마트에서 똑같은 포장지의 제품을 사는 것보다 직접 주인아저씨와 이야기를 나누며 '이 집이 30년 된 순대집'이라는 이야기를 듣는 게 더 값지게 느껴진다. 오래된 가게, 세월이 묻은 간판, 주인의 손맛이 담긴 음식은 하나의 '경험'이 된다.

또 다른 이유는 이곳만의 감성과 고유성, 즉 로컬리티다. '우리 동네에서만 살 수 있는 특별한 것', '오직 여기에서만 느낄 수 있는 분위기'가 엠지MZ세대에게 통한다. 시장 안 숨겨진 명물들을 찾아다니는 것 역시 같은 이유다. 신당 중앙시장의 어포어묵, 망원시장의 유부주머니, 광장시장의 마약김밥, 서촌 통인시장의 도시락 카페처럼, 동네마다 다른 개성이 있고, 그걸 발견하는 재미가 크다.

그렇다고 전통 시장이 '힙한 곳'으로 소비되고 끝나는 건 아니다. 오히려 엠지MZ세대의 이런 관심이 시장 자체에도 변화를 불러오고 있다. 오래된 공간이지만 젊은 감각을 반영한 카페나 가게들이 하나둘 들어서면서, 전통 시장도 자연스럽게 달라지고 있다. 예전 같았으면 일부러 찾지 않았을 시장이 이제는 새로운 감성을 즐기는 장소가 되고 있다.

전통 시장 활성화

통인시장 도시락 카페 이용하기

❶ 도시락 카페는 11시부터 15시 주말 16시 까지 운영돼요. 단, 매주 화요일과 셋째 주 일요일은 휴무라는 점 잊지 마세요.
❷ 엽전 판매처에서 엽전을 구입해요. 엽전 1개당 500원으로 1만원이면 충분! 남은 엽전은 환불할 수 있어요.
❸ 기름떡볶이, 떡갈비, 김밥 등 도시락카페 가맹점에서 원하는 음식을 골라요.
❹ 도시락을 들고 카페에 돌아와 맛있게 먹어요. 밥은 엽전 2냥입니다.

서울시에서도 전통 시장을 활성화하기 위한 여러 방안을 추진하고 있다. 대표적으로 남대문시장에서는 남산에서 숭례문을 지나 남대문시장까지 연결되는 보행로를 정비하고 잘 이용하지 않는 땅을 활용해 관광 및 편의 시설을 조성하는 사업이 진행 중이다. 이러한 사업은 향후 서울시 내 다른 전통 시장에도 계속 확대하여 추진할 예정이다.

또, 야시장과 다양한 축제를 열어 엠지MZ세대와 외국인 관광객을 적극적으로 유치하고 있다. 올해는 69개의 서울 전통 시장에서 야시장과 먹거리 축제가 열린다. 경동시장의 '미식기행 페스티벌', 통인시장의 '야맥상통', 망원시장의 '망원비어페스트' 등 지역별 특색을 살린 이색 이벤트다. 이러한 행사는 시장을 단순한 구매 공간이 아닌 '놀이 공간'으로 전환하는 효과를 내고 있다.

전통 시장의 시설도 현대화되고 있다. 2024년에는 77개 시장을 대상으로 노후 소방시설 및 변압기 교체, 아케이드 설치, 보행 통행로 정비 등이 이루어졌다. 예전에는 낡고 불

광장시장

편한 곳으로 여겨졌던 전통 시장이 안전하고 쾌적한 공간으로 바뀌어 가고 있다.

엠지MZ세대에게 전통 시장은 경험과 놀이의 장소다. 오래된 공간에서 새로운 재미를 찾고, 자신만의 방식으로 즐기는 것. 남들이 다 아는 쇼핑몰보다, 누구나 쉽게 지나쳤던 시장 한구석에서 자신만의 보물을 발견하는 것. 그것이 새로운 세대가 전통 시장을 경험하는 방식이자, 힙트레디션이다.

중앙시장

"시장 데이트가 더 좋은 것 같아요. 사람들도 북적거리고 볼 것도 더 많고. 다른 큰 곳들로 가면 요즘 것들밖에 없어서 이게 훨씬 더 좋아요."

– 장주은

> **key word** 샴페인 브레이킹 Champagne Breaking 🔍

: 샴페인을 선체에 던져 깨뜨리는 것으로, 새로운 배의 탄생을 알리고 안전 운항을 기원하는 의식.

뱃고동이 세 번 울리면, 선수배의 앞부분에 선 인물이 배의 이름을 외친 뒤, 줄에 단단히 매단 샴페인 병을 배를 향해 힘껏 던진다. 유리병은 선수에 부딪히며 '팡!' 하고 깨진다. 터져 나온 황금빛 거품이 하얀 선체를 타고 흐르고, 주변에서는 환호와 박수가 터진다. 배는 곧 첫 항해를 시작할 준비를 마친다.

이것이 바로 새로운 선박이 진수될 때, 샴페인 병을 깨뜨려 성공적인 항해를 기원하는 샴페인 브레이킹이다. 고대에는 신의 축복을 기원하며 동물의 피를 바르거나 포도주를 뿌렸지만, 시대가 변하면서 샴페인으로 대체되었다.

2024년 11월, 경남 사천에서 또 한 번의 샴페인 브레이킹이 있었다. 한강 위를 달릴 새로운 교통수단이 탄생하는 순간이었다. 하얀색 선체에 파란 글씨로 쓰인 이 배의 이름은 '한강버스'. 서울의 물길을 따라 새로운 이동 패러다임을 제시할 주인공이다.

한강버스

한강버스 이용하기

❶ 한강버스는 주중 6시 30분/주말 9시 30분부터 22시 30분까지 운항해요.

❷ 30분 간격으로 정시 운항하고, 평일 출퇴근 시간엔 15분 간격으로 급행 노선 마곡-여의도-잠실 이 운영돼요.

❸ 선착장까지는 도보 이동하거나 따릉이, 버스를 이용하면 돼요.

❹ 1회 이용 요금은 3000원이며 대중교통 환승 할인 및 기후동행카드가 동일하게 적용돼요.

한강버스는 서울의 새로운 수상 대중교통으로, 2025년 상반기부터 정식 운항을 시작한다. 마곡에서 잠실까지, 한강을 따라 총 7개의 선착장을 연결하는 한강버스는 기존 도로 교통의 한계를 보완할 대안이자, 도심 속에서 한강을 새롭게 경험하는 방법이다. 우선, 출퇴근길의 풍경이 달라질 수 있다는 기대감이 크다. 매일 꽉 막힌 도로에서 신호를 기다리는 대신, 잔잔한 물결을 따라 서울을 가로지르는 출근길. 한강버스는 시민들의 새로운 라이프 스타일을 제안한다.

기존 여객선과는 다르게 길이 35.5미터m의 쌍동선 형태두 개의 선체를 나란히 연결로 설계된 덕분에 안정성이 뛰어나며, 흔들림이 적다. 선체의 높이가 낮아 잠수교도 통과할 수 있고, 한 번에 최대 199명까지 탑승이 가능하다. 평균 속도는 17노트약 31.5km/h로, 정체가 심한 출퇴근 시간에 도로에서 받던 스트레스를 줄일 수 있다. 이용 요금은 3000원인데, 기후동행카드 이용이 가능하다.

한강버스 선착장은 한강 서쪽에서 동쪽을 따라 마곡-망

원-여의도-압구정-옥수-뚝섬-잠실 등 한강 주요 지점 7곳에 위치한다. 7개 정류장을 모두 거치는 일반 노선은 총 75분, 마곡-여의도-잠실만 다니는 급행 노선은 54분이 소요된다. 여의도, 옥수, 뚝섬 선착장은 지하철역과 가까워 환승이 쉬운 반면 마곡, 망원, 압구정, 잠실 선착장은 지하철역에서 거리가 먼데, 서울시는 접근성을 고려해 선착장을 지나는 버스 노선을 조정 및 신설했다. 또한 모든 선착장에는 서울 자전거 따릉이를 배치했다.

한강버스는 교통수단을 넘어선 경험의 공간이기도 하다. 전원 좌석제로 운영되며, 탁 트인 파노라마 창을 통해 서울의 수변 경관을 감상할 수 있다. 따뜻한 커피 한 잔과 함께 한강 위를 가로지르는 상상을 해보자. 자동차 경적이 울리는 도로 대신 부드럽게 물살을 가르며 만끽하는 서울의 아침. 이런 이동이 일상이라면 어떨까? 선내에는 카페테리아가 마련될 예정이며, 자전거 거치대와 휠체어석도 배치되어 있어 편리하게 이용할 수 있다.

친환경 하이브리드 선박으로 제작된 한강버스는 기존 내연기관 선박 대비 이산화탄소 배출량을 약 52% 줄였다. 기후위기 대응과 지속 가능한 교통수단 확보라는 측면에서도 의미가 크다. 한강을 활용함으로써 도로 위 차량 수요를 일부 분산시켜, 교통 체증 완화 효과도 기대된다.

도로가 아닌 한강 위에서 서울을 가로지르는 이동, 한강의 야경을 감상하며 떠나는 퇴근길, 주말이면 가족과 함께 도심 속 한강 투어를 떠나는 장면이 자연스러워질 것이다. 한강버스는 서울을 방문하는 관광객들에게도 색다른 경험을 제공할 수 있다. 기존의 육상 교통과 다른 경로로 서울을 탐험하며, 서울의 주요 랜드마크를 한눈에 감상하는 새로운 경험이 일상이 된다.

가드닝 Gardening

: 공기 정화, 조경, 정서 안정, 식재료 수확 등을 목적으로 집, 사무실, 정원 등에서 식물을 가꾸는 활동을 말한다.

넓은 정원이나 마당이 있는 단독주택에서만 가드닝을 즐기라는 법은 없다. 베란다에 작은 정원을 들이거나, 부엌에서 작은 쌈 채소와 허브를 기르는 것, 심지어 책상 위 작은 화분 하나를 정성스럽게 돌보는 일도 가드닝이 될 수 있다.

식물만 키웠다 하면 금세 죽이는 사람들을 위해 가정용 식물 재배기부터 자동 급수 화분, 스마트 화분까지 등장하는 시대다.

자연을 가까이 두려는 움직임은 이제 취미를 넘어 하나의 라이프 스타일이 되었다. 식물을 키우는 행위 자체가 주는 정서적 안정감, 식물이 있는 공간이 주는 심미적 만족감까지 더해지면서, 가드닝은 더욱 일상적인 문화로 자리 잡고 있다. 이를 반영하듯, '플랜테리어Planterior', '식집사식물을 키우는 사람'라는 신조어도 등장했다. 인테리어와 가드닝이 결합하면서, 자연을 공간 속으로 들이는 것이 하나의 트렌드가 된 것이다.

요즘 인기 있는 카페나 상업 공간에서는 플랜테리어를 적극적으로 활용하고 있다. 벽면을 가득 채운 그린월Green Wall을 조성해 마치 숲속에 있는 듯한 분위기를 연출하기도 하고, 천장에서 식물을 매달아 두는 행잉 플랜트로 공간에 생동감을 더하기도 한다.

넓은 정원이 없어도, 바쁜 일상 속에서도 자연을 가까이할 수 있는 방법은 많다. 작은 화분 하나만으로도 공간의 분위기는 달라지고, 자연이 주는 편안함을 느낄 수 있다. 중요한 것은 식물의 크기나 종류가 아니라, 자연을 삶 속에 들이려는 작은 시도다. 문을 열고 밖으로 나가 보는 것도 좋은 방법이다. 지금 서울은 거대 정원으로 탈바꿈하고 있다.

정원도시 서울

서울국제정원박람회 즐기기

❶ 2025 서울국제정원박람회는 5월부터 10월까지 5개월간 진행돼요.

❷ 올해 박람회는 보라매공원 일대에서 열립니다.

❸ 박람회 기간 동안 각종 해설/체험/연계 프로그램 및 공연/전시가 진행돼요.

❹ 자세한 소식은 서울 국제 정원 박람회 공식 SNS 계정을 확인하세요.

2023년 발표된 '정원도시 서울'은 도심 속 녹지 공간을 확대하는 대규모 프로젝트다. 과거 서울의 녹지는 대부분 대규모 공원이나 산림에 집중되어 있었지만, 도로변, 골목, 옥상, 유휴 부지 등 일상생활과 가까운 곳에서도 정원을 쉽게 접할 수 있도록 한다는 점이 특징이다. 곳곳의 작은 정원으로 도시의 매력과 경쟁력을 높이고, 시민들에게 정원을 매개로 한 힐링과 행복감을 제공하는 것이 목표다.

이에 따라 2026년까지 총 1007개의 '매력가든', '동행가든'이 조성된다. 매력가든은 생활과 밀접한 곳에 조성되는 정원으로, 자치구별 정원, 가로변 공유정원, 거점형 꽃정원, 마을정원 등으로 구성된다. 동행가든은 유아, 어르신, 장애인 등 사회적 약자를 위한 정원으로, 유아숲체험원, 노인복지관, 의료기관 등에 조성된다. 특히, 매력가든은 변화와 다채로움을 강조하는 '매력가든 가이드라인'을 적용해 정원마다 특색을 부여하고, 지속 가능성을 고려해 관리될 예정이다.

서울국제정원박람회

정원 조성의 효과는 다양하다. 도심 내 녹지 공간이 증가하면서 미세먼지 저감과 기후 대응 효과가 기대된다. 식물은 공기 중의 유해 물질을 흡수하고, 도시의 온도를 낮추는 역할을 한다. 정원을 이용하는 시민들에게 심리적 안정과 정서적 만족감을 제공할 수도 있다. 연구에 따르면, 주 1회 이상 정원을 방문하는 사람들은 스트레스 감소 효과를 경험할 확률이 60% 높다. 정원 활동을 통해 청소년의 자아 존중감이 커지고, 노년층의 우울감이 줄어드는 등 정서적 복지에도 긍정적인 영향을 미친다.

서울시는 시민 주도로 운영하는 방안도 추진하고 있다. 시민 정원사 양성 프로그램을 통해 지역 주민이 직접 정원을

서울국제정원박람회

관리할 수 있도록 지원하며, 기업 및 단체의 사회 공헌 활동과 연계해 참여를 독려할 계획이다. 2025년부터는 개인이 관리하는 민간 정원 활성화를 위해 '개인 정원 등록 및 지원 사업'을 편다. 서울시 개인 정원으로 선정되면 등록증, 정원 입구에 설치할 현판이 제공되고, 매년 봄가을마다 어린 화초 100본을 지원받을 수 있다. 우수 정원에 대해서는 서울특별시장 표창을 수여할 계획이다.

서울의 정원도시 정책은 도시 경쟁력을 높이고 시민의 삶의 질을 향상시키는 중요한 전환점이 될 것으로 보인다. 서울 어디서나 5분 이내에 정원을 만날 수 있는 날이 가까워지고 있다. 집 앞 작은 정원을 지나며 하루를 시작하고, 점심시간에는 가로변 정원에서 가볍게 산책하며 주말이면 동네 정원을 찾는 풍경을 기대해 본다.

"정원마다 담긴 이야기가 호기심을 자극하고 느린 호흡으로 감상하는 자연은 즐거움을 선사한다."

- 정향선

September
9월

서울야외도서관
책읽는 한강공원
서울아트위크
서울 문화의 밤

영감 속으로 뛰어들다

key word

텍스트힙 Text Hip

: 글자를 뜻하는 영단어 '텍스트'와 개성 있다는 의미의 '힙하다'를 합친 용어. 책과 독서를 트렌디한 문화로 인식하는 현상을 말한다.

SNS에서는 '북스타그램' 해시태그가 넘쳐나고, 서점에서 책을 읽는 모습이 하나의 추구미_{지향하는 스타일이나 이미지}로 자리 잡았다. 카페에서 책을 펼치고, 감성적인 조명 아래에서 글을 쓰거나, 노트에 한 줄 필사하며 시간을 보내는 것 자체가 힙한 행위가 되었다. 책을 읽는 것이 아니라 책과 함께하는 순간을 즐기는 것이다. 텍스트힙은 활자를 단순한 텍스트가 아니라 하나의 감각적인 경험으로 소비하는 방식을 의미한다.

텍스트힙을 즐기는 대표적인 방식 중 하나는 독립서점 방문이다. 요즘 젊은 세대는 개성이 강한 독립서점을 선호한다.

서점마다 다른 큐레이션과 공간 분위기 덕분에 서점 자체를 감각적으로 경험하는 것이 중요해졌다. 서점의 조명과 가구, 배경 음악까지도 하나의 분위기를 형성하는 요소가 된다.

문학 굿즈를 수집하는 것도 텍스트힙의 한 방식이다. 감성적인 문구가 적힌 책갈피, 문장이 새겨진 엽서나 에코백처럼, 텍스트를 소장하는 행위가 하나의 문화다. 책을 읽고 난 후에도 그 감성을 간직하고 싶은 마음에서 비롯된 현상이다. 한정판으로 제작되는 문학 굿즈도 많아지고 있으며, 특정 작가의 문장을 새긴 노트나 책에서 영감을 얻은 향초 같은 제품도 인기를 끌고 있다.

책과 함께하는 공간을 찾는 것도 텍스트힙을 경험하는 방식이다. 책을 읽기 좋은 카페를 찾아다니고, 공원이나 한강변에서 책을 펼치는 것이 자연스러운 문화가 되었다. 이런 흐름의 중심에 서울야외도서관이 있다. 서울야외도서관은 도시 한복판에서 책을 읽고 감성을 공유하는 새로운 독서 문화다. 실내 도서관과 달리, 공원과 광장, 하천변 등 열린 공간에서 운영되어 자연 속에서 자유롭게 책을 읽을 수 있는 환경을 제공한다.

서울야외도서관

서울야외도서관 이용하기

❶ 한강 야외 도서관 세 곳에서는 각기 다른 책과 프로그램들을 경험할 수 있어요.
❷ 서울야외도서관 누리집에서 자세한 내용을 확인해 보세요.
❸ 모두가 함께 보는 책은 깨끗하게 이용하고, 쓰레기는 집으로 가져가요.

서울야외도서관은 2022년 처음 시작된 후 점점 규모가 확장되었다. 매년 수백만 명이 방문하는 서울의 대표적인 독서 행사로 자리 잡았으며, 2022년부터 2024년까지 3년 동안 약 500만 명의 시민이 방문했다. 운영 기간은 주로 4월부터 11월까지로, 봄과 가을에 진행된다. 날씨가 더워지면 야간으로 운영 시간을 옮겨 시원한 저녁 공기 속에서 독서를 즐길 수 있도록 했다.
각 공간은 저마다 특색이 있다. 책읽는 서울광장은 시청 앞 광장 한가운데 빈백과 테이블을 배치해 도심 속 거실 같은 분위기를 조성했다. 광화문 책마당에서는 북악산과 광화문을 배경으로 빈백에 앉아 도심 속에서 자연을 느끼며 책을 읽는 기분을 느낄 수 있다. 책읽는 맑은냇가는 청계천 물소리를 배경으로 독서에 집중할 수 있는 공간으로, 바쁜 일상을 잠시 잊고 조용하게 텍스트힙을 경험할 수 있는 곳이다.
2025년부터 서울야외도서관은 매주 금요일에서 일요일에 운영되고, 독서 활동 중심의 북클럽도 새로 운영한다. 개인 취향에 따라 자유롭게 온오프라인을 넘나들며 독서 활동

에 참여하고 소통하는 멤버십 형태의 독서 커뮤니티 '힙독 클럽'이 그것이다. 독서를 새롭게 결심하거나 독서에 관심 있는 시민 1만 명을 모집해 다양한 유형의 독서 활동을 지원함으로써, 시민들이 일상 속에서 지속적으로 독서 활동에 참여하도록 한다.

서울팝업야외도서관도 올해 새롭게 선보인다. 책, 의자, 돗자리 등으로 구성된 북키트를 제작하여 희망하는 학교, 서울시 산하 시설, 공공 도서관에 대여해 시민들이 다양한 공간에서 야외도서관을 즐길 수 있도록 한다.

서울야외도서관은 국내에서도 좋은 반응을 얻고 있지만, 해외에서도 주목받고 있다. 뉴욕의 브라이언트 파크 리딩룸이나 프랑스 파리 플라주 Plages 처럼, 책을 단순한 지식

습득의 도구가 아니라 도시 속에서 경험하는 문화 요소로 자리 잡게 했다는 점에서 높은 평가를 받고 있다. OECD 공공혁신협의체OPSI가 주관하는 '2023 정부 혁신 우수 사례' 선정, 도서관 부문 최고 권위 국제기구인 '국제도서관협회연맹IFLA'의 국제상 2년 연속 수상이 이를 입증한다.

텍스트힙이란 활자를 라이프 스타일의 일부로 삼는 태도다. 책을 읽는다는 사실 자체가 한 사람의 취향이 되고, 그 순간이 하나의 장면이 된다. 이런 흐름 속에서 서울야외도서관은 텍스트힙을 즐기기에 가장 이상적인 공간이다. 사람들은 바쁜 도시 한복판에서 책 한 권을 펼치고, 바람과 햇살 속에서 문장을 음미한다. 책은 더 이상 공부의 도구가 아니다. 도시를 가장 감각적으로 즐길 수 있는 오브제다.

9월 | 영감 속으로 뛰어들다

서울야외도서관

"도서관을 시간 내서 가기는 시간이 여러모로 부족한데 이 공간에 들어오니까 새로운 공간에 온 것 같고, 서울 아닌 다른 곳에 놀러 온 기분도 들고 정말 좋은 것 같아요."

- 조하나

▶ key word

독파민 🔍

: '독서'와 '도파민행복감·만족감을 주는 호르몬**'의 합성어. 엠지 MZ세대와 직장인을 중심으로 독서 열풍이 부는 가운데, 독서가 주는 즐거움을 표현하는 신조어로 쓰인다.**

짧고 강한 자극을 주는 영상 콘텐츠가 일상이 되면서 깊이 있는 몰입감을 찾기 어려운 시대가 되었다. 대부분의 콘텐츠는 빠르게 흘러가고, 사람들은 끊임없이 새로운 정보를 받아들이면서도 정작 그 내용을 오래 기억하지 못하는 경우가 많다. 반면, 독서는 한 페이지씩 넘기며 천천히 이야기에 빠져드는 과정에서 집중력을 회복하는 경험을 준다. 성취감을 느끼고, 책 속의 문장과 이야기가 주는 감정을 온전히 누릴 수 있다. 책 한 권을 끝냈을 때의 뿌듯함, 몰입해서 읽던 이야기 속 결말을 맞이했을 때의 짜릿함, 예상치 못한 문장에서 감동을 받았을 때의 만족감, 이 모든 것이 독파민이다.

요즘 젊은 세대가 독파민을 찾는 이유는 독서 습관을 들이기 위해서가 아니다. 책을 읽는 행위 자체가 여유가 되고, 바쁜 일상 속에서 조용히 몰입할 수 있는 시간을 만들어 주기 때문이다. 경쟁과 성과 중심의 환경에서 살아가는 현대인들은 점점 더 즉각적인 보상을 원하는데, 독서는 긴 시간과 노력이 필요한 활동이지만 그만큼 완독했을 때의 성취감이 크다. 또한, 책을 읽으며 느끼는 감정이 일상적인 스트레스를 해소하는 역할도 한다. 책 속에서 낯선 세상을 경험하고, 새로운 사고방식을 접하고, 몰입을 통해 현실에서 잠시 벗어나는 순간 자체가 하나의 보상이 된다.

독파민을 즐기는 방식도 다양해지고 있다. 책을 읽으며 한 줄 한 줄 정리하는 필사, 다 읽은 책을 기록하는 독서 다이어리, 완독 후 책에서 얻은 감상을 공유하는 활동 등이 독서를 더욱 보람찬 경험으로 만든다. 책을 읽기 좋은 환경을 조성하는 것도 중요해졌다. 조용한 공간에서 집중력을 높이거나, 커피 한 잔과 함께 책을 읽으며 시간을 보내는 행위가 하나의 작은 보상으로 작용한다.

책읽는 한강공원

책읽는 한강공원 이용하기

❶ 책읽는 한강공원은 여의도 한강공원, 잠원 한강공원, 광나루 한강공원, 이촌 한강공원에서 열려요.
❷ 문화 공연, 포토존, 어린이 놀이 공간 등도 준비되어 있어요.
❸ 행사 정보나 프로그램 모집 일정이 변경될 수 있으니 책읽는 한강공원 누리집에서 꼭 미리 확인하세요.
❹ 간단한 간식을 챙겨 책과 함께 한강 피크닉을 즐기면 더 알차게 보낼 수 있어요!

서울시는 책 읽는 경험을 더 많은 사람들이 자연스럽게 즐길 수 있도록 '책읽는 한강공원' 프로젝트를 운영하고 있다. 기존 도서관이 실내에서 정적인 환경을 제공했다면, 책읽는 한강공원은 한강이라는 서울의 대표적인 자연 공간을 활용해 누구나 자유롭게 책을 읽으며 다양한 문화 행사를 경험할 수 있도록 설계되었다. 책 한 권을 들고 한강변으로 나가면, 바람과 햇살 속에서 활자를 따라가는 새로운 경험이 펼쳐진다.

책읽는 한강공원은 5월부터 6월, 9월부터 10월까지 매주 토요일마다 여의도, 잠원, 광나루, 이촌 한강공원에서 운영된다. 2024년에는 약 38만 명의 시민이 참여했다. 각 공원에는 7500권 이상의 도서가 비치되고, 빈백과 해먹, 캠핑의자 같은 편안한 좌석이 마련되어 방문객들이 자유롭게 독서를 즐길 수 있도록 했다. 특히, 책을 읽는 것뿐만 아니라 재즈, 클래식, 어쿠스틱 공연과 어린이를 위한 놀이존, 보드게임존, 푸드트럭존 등의 부대시설도 함께 운영되어 다양한 방식으로 문화를 경험할 수 있는 공간이 되었다.

서울시는 책을 읽는 공간을 제공하는 것을 넘어, 독서를 더욱 흥미로운 경험으로 만들기 위해 다양한 프로그램을 기획하고 있다. 한강 선셋 시네마, 한강 젠가 대회, 선셋 프렌즈 요가, 캉구신고 댄스댄스 등 다양한 행사가 진행된다.

책읽는 한강공원은 책을 읽는다는 행위를 부담스럽지 않게, 하지만 더욱 의미 있게 만들기 위한 방식이다. 한강공원에서 책을 읽으며 바람과 햇살을 느끼고, 공연과 함께 책을 감상하는 순간, 독서는 더 이상 혼자만의 활동이 아니라 여러 사람과 자연스럽게 즐길 수 있는 문화가 된다. 책읽는 한강공원이 독서를 통해 도파민을 자극하고, 도시에 활력을 불어넣는 새로운 방식으로 자리 잡고 있다.

책읽는 한강공원 선셋 시네마

아트페어 Art Fair

: 일반적으로 몇 개 이상의 화랑이 한 장소에 모여 미술 작품을 판매하는 행사. 영국의 프리즈, 스위스의 바젤, 미국의 시카고 아트페어가 세계 3대 아트페어로 꼽힌다.

서울이 매년 9월이면 거대한 미술관이 된다. 전 세계 갤러리와 컬렉터, 미술 애호가들이 몰려들고, 도시는 예술로 가득 찬다. 그 중심에는 키아프 서울과 프리즈 서울이 있다. 여기에 서울시가 기획한 서울아트위크가 더해지면서, 서울은 아시아 미술 시장의 허브로 도약하는 중요한 순간을 맞이하고 있다. 이 세 행사는 단순한 미술 축제가 아니라, 서울을 글로벌 아트 마켓의 중심지로 만드는 동력이 된다.

키아프 서울은 한국을 대표하는 국제 아트페어로, 2002년에 시작됐다. 원래 아트페어는 미술을 사고파는 시장이지만, 키아프는 그 이상의 의미를 가진다. 미술 시장이 급성장하면서 키아프 서울은 세계적인 갤러리와 컬렉터들이 한국 작가들을 만나고, 반대로 한국의 컬렉터들이 해외 작가들의 작품을 경험하는 중요한 장이 되었다. 이곳에서는 평소 미술관이나 박물관에서 볼 법한 작품들이 "판매 중"이라는 태그를 달고 있다. 작품이 거래되는 순간을 직접 목격하는 경험은 미술이 더 이상 멀리 있는 것이 아님을 깨닫게 만든다.

2022년에는, 세계 3대 아트페어 중 하나인 프리즈가 서울에서 처음으로 문을 열었다. 원래 프리즈는 런던, 뉴욕, 로스앤젤레스에서만 열리던 행사였는데, 아시아에서는 유일하게 서울이 선택됐다. 홍콩이나 도쿄가 아닌 서울이 그 자리를 차지한 이유는 무엇일까? 프리즈 본부는 한국 컬렉터들의 강한 구매력과 한국 현대미술이 빠르게 성장하고 있다는 점에 주목했다.

2022년 첫 개최 당시, 뉴욕의 메이저 갤러리들이 대거 참여하며 서울이 글로벌 미술 시장에서 얼마나 중요한 도시인지 증명했다. 전시 오픈과 동시에 10억 원이 넘는 작품들이 판매되었고, 해외 컬렉터들은 한국 작가들의 작품을 경쟁적으로 구매했다. 미술을 투자와 연결하는 시선이 빠르게 확산되며, 서울은 이제 작품이 실제로 거래되는 미술 시장의 중심으로 떠오르고 있다.

키아프 서울과 프리즈 서울이 같은 시기에 열린다는 것은 우연이 아니다. 프리즈가 현대 미술의 트렌드를 보여 주는 장이라면, 키아프는 아시아 미술 시장의 중심을 형성하는 공간이다. 두 행사가 같은 공간에서 열린다는 것은 서울이 동양과 서양의 미술을 연결하는 다리가 되고 있음을 뜻한다. 서울은 국제 미술 시장에서 작가와 컬렉터, 갤러리들이 만나는 필수적인 장소가 되었다.

서울아트위크

서울아트위크 즐기기

❶ 키아프·프리즈 서울을 통해 전 세계 미술계의 트렌드를 파악해 보세요. 티켓 사전 예매는 필수!

❷ 서울아트위크 기간 동안 서울아트위크 공식 누리집에서 서울 전역의 전시 및 행사 정보를 확인할 수 있어요.

❸ 국·공사립 미술관, 갤러리 등에서는 신진 작가들의 실험적인 작품을 만나볼 수 있어요.

❹ 작가와의 대화, 아트 토크 등 서울 곳곳에서 다양한 프로그램이 진행돼요. 서울아트위크 누리집에서 확인해 보세요.

키아프·프리즈 서울에 맞춰 서울시는 서울아트위크를 기획했다. 서울을 찾는 국내외 미술 애호가들에게 예술로 가득 찬 도시를 선보인다. 서울아트위크는 국·공사립 미술관, 갤러리, 아티스트 스튜디오 등 서울 곳곳에서 열리는 다양한 전시와 행사들을 하나로 묶어 미술 축제의 분위기를 조성한다. 올해는 특히 키아프 서울 아트페어 전시장 내에 서울아트위크 홍보 부스를 설치하여 방문객들에게 전시 정보와 가이드를 제공하며, 서울의 거리와 공원 곳곳에서도 크고 작은 예술 이벤트가 펼쳐진다.

서울아트위크는 미술이 도시와 어떻게 연결될 수 있는지를 고민하는 프로젝트다. 서울시는 해외 미술 전문가들을 초청해, 서울의 예술가들이 세계적인 미술 관계자들과 직접 교류할 수 있도록 지원한다. 한국 작가들이 해외 컬렉터들에게 작품을 선보일 기회를 제공하고, 서울에서 활동하는 아티스트들이 글로벌 미술 시장과 연결될 수 있도록 돕는다. 키아프 서울과 프리즈 서울이 상업적인 미술 시장의

정용선 '도시의 물빛 자폐아'

중심이라면, 서울아트위크는 그 바탕이 되는 창작과 실험의 과정에 초점을 맞추고 있다.

서울이 이렇게 급격히 국제적인 미술 허브로 자리 잡는 과정에서는 다양한 인물들이 중요한 역할을 했다. 프리즈 서울이 서울을 개최지로 결정할 때 한국의 주요 갤러리 대표들과 컬렉터들이 큰 영향을 미쳤다. 한국 미술 시장의 성장 가능성을 높이 평가한 글로벌 미술 관계자들의 적극적인 관심도 서울이 선택받는 데 중요한 요소였다. 서울아트위크를 기획한 서울시 역시 아시아 미술 시장의 중심이 되기 위한 체계적이고 전략적인 접근을 하고 있다.

서울이 아시아 미술 시장의 중심이 된다는 것은 상업적인 성공만을 의미하지 않는다. 도시가 예술을 통해 살아 숨 쉬고, 창작자와 관람객이 함께 소통하며, 글로벌 미술계와 연결된다는 뜻이다. 서울아트위크는 이를 실현하는 가장 강력한 이벤트다. 이제 서울의 가을은 예술로 기억된다.

키아프 서울

프리즈 서울

"이 기회에 우리 작가를 외국 화랑이나 또 미술인 한테 보여드리고, 이분들이 진출할 수 있는 하나의 교두보가 될 수 있지 않을까?"

– 학고재 갤러리 대표 우찬규

▶ key word

서울문화포털 🔍

: 서울 전역에서 벌어지는 다양한 문화 행사, 그와 관련된 문화 정보 등을 싣고 있는 서울시 문화 분야 종합 정보 사이트. 매달 1000여 건이 넘는 다양한 종류의 문화 행사 정보를 제공한다.

서울에서 열리는 문화 행사는 셀 수 없을 정도로 많다. 공연, 전시, 축제, 강연, 체험 프로그램이 매일 열리는데, 문제는 이 모든 정보를 어디서 찾아야 하느냐다. 각 기관의 누리집을 일일이 방문하고, SNS에서 #서울공연, #무료전시 같은 해시태그를 검색하다 보면 정작 원하는 행사를 찾기도 전에 피로감이 쌓인다. 뒤늦게 흥미로운 행사를 발견하고는 "이런 거 하는 줄 알았으면 갔을 텐데!" 하고 아쉬워하는 경우도 많다. 그래서 필요한 게 바로 서울문화포털이다.

서울문화포털은 서울시가 운영하는 공식 문화 정보 플랫폼으로, 서울에서 열리는 다양한 문화 행사를 한곳에 모아 제공한다. 뮤지컬, 연극, 전시, 버스킹, 야외 영화 상영까지 검색 한 번이면 일정을 확인할 수 있고, 박물관·미술관·도서관에서 진행하는 특별 프로그램도 손쉽게 찾아볼 수 있다. 특히, 매달 업데이트되는 문화 달력만 잘 챙겨봐도 일정에 맞춰 계획을 짜기가 수월하다. "이번 주 금요일에 어떤 행사가 있을까?" 하고 달력을 확인하면, 미술관 야간 개장부터 거리 버스킹, 한옥에서 열리는 클래식 공연까지 다양한 일정이 정리되어 있다. 놓치기 쉬운 행사도 미리 챙길 수 있어 지속적인 문화생활 습관을 기르기에도 딱이다.

서울문화포털을 즐겨찾기 해야 하는 이유 중 하나는 바로 서울 문화의 밤, 문화로 야금야금夜金을 제대로 즐기기 위해서다. 서울 문화의 밤은 4월부터 12월까지 매주 금요일, 서울 곳곳이 문화와 예술로 가득 채워지는 특별한 시간이다. 이 기간 동안 서울의 밤을 더욱 풍성하게 즐길 수 있도록 다채로운 프로그램이 기획된다. 서울시가 운영하는 시립문화시설 9곳이 밤 9시까지 운영되며, 특별한 전시, 공연, 체험 프로그램이 시민들을 맞이한다. 바쁜 일상 속에서 미뤄둔 문화생활을 부담 없이 즐길 수 있는 절호의 기회다.

서울 문화의 밤

서울 문화의 밤, 문화로 야금야금夜金 참여하기

❶ 서울 주요 시립 문화 시설에서 계절, 기념일 특성에 맞춰 다양한 문화 행사 및 프로그램을 운영해요.
❷ 서울문화포털에서 매주 금요일 진행되는 프로그램을 미리 확인하세요.
❸ 매주 금요일은 '야간 공연 관람의 날'도 운영돼요. 연극, 무용, 뮤지컬 등 우수 공연을 1만 원에 관람할 수 있어요.
❹ 야간 공연 관람권은 '대학로티켓닷컴'에서 예매할 수 있어요.

서울 문화의 밤은 크게 두 가지 형태로 진행된다. 첫 번째는 '뮤지엄 나이트'로, 박물관과 미술관을 야간 개장해 색다른 전시와 해설 프로그램을 운영하는 것이다. 서울역사박물관, 한성백제박물관, 서울공예박물관, 서울시립미술관이 참여해 각 공간의 특색을 살린 전시와 체험 프로그램을 마련한다. 역사적 배경을 깊이 이해할 수 있는 도슨트 투어부터, 직접 체험하며 즐길 수 있는 공예·전통 음악 프로그램까지 폭넓은 문화 경험이 가능하다.

두 번째는 '문화야행'으로, 역사문화시설을 활용해 한옥마을, 운현궁 등에서 야간 탐방과 공연을 진행하는 프로그램이다. 조선시대 한옥에서 듣는 클래식 음악, 역사적 공간에서의 연극과 국악 공연 등 고즈넉한 분위기 속에서 특별한 경험을 할 수 있다. 서울의 역사를 따라 걸으며 문화와 예술을 함께 즐길 수 있는 기회다.

또한, 매주 금요일은 '야간 공연 관람의 날'로 지정되어, 대학로에서 열리는 우수 공연을 단 1만 원에 관람할 수 있다.

한성백제박물관

북서울꿈의숲에서열린공연

평소 가격 부담 때문에 망설였던 연극, 뮤지컬, 무용 공연을 저렴한 가격에 즐길 수 있는 절호의 기회다. 공연을 관람하고 싶다면 서울 문화의 밤을 적극 활용해 보자.

가장 큰 매력은 매월 콘셉트가 달라진다는 점이다. 4~5월은 가족이 함께할 수 있는 프로그램이, 6~8월은 한여름 밤을 더욱 특별하게 만들어 줄 야외 공연과 체험 프로그램이 메인이 된다. 가을에는 감성적인 전시와 공연이 중심이 되고, 겨울에는 연말 분위기에 어울리는 축제와 이벤트가 펼쳐진다. 계절마다 다채롭게 바뀌는 프로그램 덕분에 몇 번이고 다시 방문하고 싶어질 것이다.

서울 문화의 밤은 도심 속에서 특별한 밤을 보내고 싶은 사

람들에게 신선한 경험을 선사하는 기획이다. 유흥 중심의 야간 활동을 건강한 문화 활동으로 전환하는 중요한 역할을 한다. 매주 금요일 밤, 서울은 문화로 물든다. 퇴근 후 어디로 갈지 고민된다면, 이번 금요일은 서울 문화의 밤과 함께해 보는 것은 어떨까. 지금 바로 서울문화포털에서 원하는 프로그램을 확인하고, 서울의 밤을 제대로 즐겨 보자.

October

10월

서울라이트 한강 빛섬축제
청계천 야경
한강야경투어

빛으로 도시를 즐기다

▶ key word 　　**레이저 아트** Laser Art 　　🔍

: 레이저의 강력한 응집성 및 직진성을 이용해 다양한 표현을 추구하는 미술 경향. 가느다란 광선의 직진 또는 난무가 만들어 내는 환상적인 분위기가 특징이다.

매일 밤 8시, 홍콩 밤하늘은 거대한 캔버스가 된다. 레이저가 빌딩 숲을 가로지르며, 도시 전체가 하나의 예술 작품으로 변신한다. 빅토리아 하버를 따라 펼쳐지는 이 화려한 쇼의 이름은 '심포니 오브 라이츠 Symphony of Lights'. 세계 최대 규모의 레이저 쇼로, 첨단 조명 기술과 예술이 결합된 대표적인 레이저 아트다.

레이저 아트는 강렬한 빛을 활용해 공간을 조형하고 시각적 감각을 극대화하는 예술이다. 일반적인 조명과 달리, 레이저는 선명한 직선 빛을 만들어 공중에 떠 있는 듯한 착시 효과를 준다. 컬러와 패턴을 정밀하게 조정할 수 있어 독창적인 연출이 가능하고, 음악과의 조합을 통해 시간과 공간을 새롭게 정의하기도 한다. 빛과 소리가 만나 도시에 생명을 불어넣고, 야경을 단순한 조망의 대상이 아닌 감각적인 경험으로 확장하는 것이 레이저 아트가 가진 매력이다.

레이저 아트는 하나의 문화 콘텐츠로 자리 잡았다. 과거에는 공연 조명이나 무대 연출의 일부였지만, 이제는 빛을 활용한 대형 미디어 아트로 발전해 전 세계 도시들의 야경을 바꾸고 있다. 심포니 오브 라이츠가 홍콩의 밤을 대표하는 퍼포먼스로 자리 잡은 것처럼, 세계 곳곳에서 레이저 아트가 도시를 예술로 변화시키는 사례가 늘고 있다.

서울라이트 한강 빛섬축제

서울라이트 한강 빛섬축제 참여하기

❶ 축제는 매년 다른 장소에서 열려요. 축제 위치와 주요 프로그램 일정을 누리집에서 확인하세요.

❷ 라이트 봉을 들고 정해진 코스를 달리는 라이트 런에도 참가해 보세요.

❸ 야외 강연과 인디 밴드의 공연으로 구성된 빛섬 렉처도 놓치지 마세요. 현대 예술과 기술에 대한 다양한 시각을 접할 수 있어요.

❹ 축제 기간 동안 많은 인파가 예상되므로, 꼭 안전에 유의하세요.

서울은 한강을 무대로 빛과 공간을 조형하는 예술을 펼친다. 바로 서울라이트 한강 빛섬축제다. 한강 위를 가로지르는 거대한 레이저 쇼, 물결 위에 반사되는 다채로운 조명, EDM 음악과 함께 흐르는 빛의 파도. 이 모든 것이 한데 어우러지는 것이다.

서울의 랜드마크인 한강을 배경으로, 첨단 레이저 아트 기술과 미디어 아트가 결합된 이 축제는 서울의 밤을 더욱 특별하게 만든다. 2023년 처음 시작한 이 축제는 매해 순차적으로 한강 내 6개 섬 난지·여의·선유도·노들·서래·뚝섬에서 열리며 서울을 세계적인 예술 도시로 만들어 나가고 있다.

2024년에는 여의도 한강공원에서 '다음 물결, 새로운 빛 Next Wave, New Light'을 주제로 열렸다. 여의도 공원 일대에 레이저 아트 작품들이 곳곳에서 전시되었는데, 한강 수면 위에서 펼쳐진 '한강공명'이 대표 작품이다. 레이저와 물의 반사를 활용해 하늘과 강이 하나로 연결된 듯한 착시 효과를 만들어냈다. 조명이 강물에 비칠 때, 마치 빛이 흐르는 듯한 모습은 한강을 완전히 새로운 공간으로 바꿔 놓았다.

'메이즈 드림Maze Dream'과 '비욘드 웨이브Beyond Wave' 같은 작품들은 빛과 관람객의 움직임을 연동시켜, 마치 한강과 대화를 나누는 듯한 인터랙티브 경험을 제공한다. 손을 흔들면 빛이 반응하고, 특정 구역에 들어서면 색과 형태가 변화하는 등 관람객의 참여로 완성되는 것이 특징이다. 기존의 전시가 '보는 것'이었다면, 이 작품들은 '함께 만들어 가는' 예술이 된다.

축제의 하이라이트는 단연 라이트 런Light Run이다. 3000여 명의 참가자들이 라이트 봉을 들고 5킬로미터km 코스를 함께 달려 거대한 라이트 작품을 완성한다. 형형색색의 빛이 어둠 속을 물들이며 한 줄기 네온 빛 물결이 한강변을 따

반짝이는 정원

라 흐른다. 러닝 이벤트이자 도시에 새로운 리듬을 만드는 퍼포먼스다. 이 행사는 단순한 재미를 넘어 의미까지 더했다. 달리는 거리에 따라 참가비 일부를 시각 장애 아동을 위해 기부하는 사회 공헌 사업이다.

서울라이트 한강 빛섬축제는 한강이라는 자연적 요소를 적극적으로 활용한다는 점에서 특별하다. 건물에 비치는 조명이 아니라, 물 위에서 반사되는 빛, 물결과 함께 움직이는 조명이 만들어 내는 독특한 분위기가 있다. 강을 배경으로 펼쳐지는 레이저 아트는 기존 도심 속 야경과는 또 다른 감성을 선사한다.

밤하늘을 가르는 레이저, 물결 위에서 반짝이는 조명, 그리

193

고 그 빛을 따라 흐르는 음악. 서울의 밤이 바뀌고 있다. 빛은 단순한 조명이 아니다. 도시에 숨을 불어넣고, 공간을 새롭게 정의하며, 사람들과 교감하는 하나의 예술이다. 그 빛이 한강 위에서 춤출 때, 서울의 밤은 그 어느 때보다 아름다워진다.

라이트온

비크닝에이피

"신기하고 예쁘고 처음 보는 느낌이어서 신비롭고 색다른 것 같아요."

– 박슬기

야간 경제 Night-time Economy

: 1970년대 영국에서 시작된 경제학 용어로, 통상적으로 저녁 6시에서 다음 날 새벽 6시까지 발생하는 경제 문화 활동을 의미한다.

The City That Never Sleeps, '잠들지 않는 도시'라는 별칭처럼 미국 뉴욕은 항상 불야성을 이룬다. 브로드웨이는 밤늦게까지 뮤지컬 공연이 이어지고, 관광객들은 새벽까지 바와 레스토랑에서 시간을 보낸 뒤 24시간 운영되는 지하철을 타고 이동한다. 극장형 버스인 '더 라이드 퍼포먼스 투어 버스'를 타면 타임스퀘어, 센트럴파크, 엠파이어스테이트빌딩, 카네기홀 등 뉴욕의 대표 관광지를 돌며 공연을 감상할 수도 있다.

뉴욕의 밤이 갈수록 더 화려해지는 데에는 2017년 출범한 야간 관광 사무국의 공로가 있다. 뉴욕시는 밤에도 관광과 소비가 지속될 수 있도록 규제 완화, 소음 문제 해결, 심야 대중교통 확충 등의 역할을 했다. 또 야간 근로자들이 안전하게 일할 수 있도록 법적 보호 장치도 강화했다.

이처럼 야간 경제에 집중하는 게 뉴욕만의 전략은 아니다. 도시가 발전할수록 낮에는 일하느라 소비할 시간이 부족한 사람들이 많아지고, 글로벌 관광이 보편화되면서 밤에도 즐길 거리가 있는 도시가 더 경쟁력 있기 때문이다.

런던은 나이트 차르 Night Czar 라는 야간 산업 육성 전담 공무원을 임명했고, 도쿄는 신주쿠·롯폰기 같은 지역을 중심으로 야간 관광, 심야 쇼핑, 나이트 마켓을 활성화하며 관광자원으로 활용하고 있다. 중국 역시 다양한 야식 먹거리를 앞세워 야간 경제 활성화에 적극적으로 나서고 있다.

청계천 야경

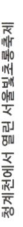
청계천에서 열린 서울빛초롱축제

서울은 세계에서 손에 꼽히는 밤을 즐기기 좋은 도시다. 홍대, 강남, 이태원은 밤이 되면 더 활기가 넘치는 대표적인 지역이며, 동대문은 야간 쇼핑과 미디어 아트 공연을 결합해 늦은 시간까지 관광객을 끌어들이고 있다. 최근에는 청계천의 야경 개선 사업이 진행되면서 서울의 야간 경제에 새로운 변화를 일으키고 있다.

서울시는 청계천 복원 20주년을 맞아 야간 경관 개선 사업을 추진 중이다. 이 프로젝트는 첨단 기술과 조명 디자인을 활용해 청계천을 시민과 관광객 모두가 즐길 수 있는 안전하고 감각적인 공간으로 만드는 것을 목표로 한다. 2025년 1월 실시 설계를 시작으로 4월부터 공사가 진행돼, 9월에 1차 사업이 완료될 예정이다. 첫 번째 개선 구간은 DDP 앞 오간수교에서 버들다리까지의 약 500미터m 구간으로, 청계천 시작 부분에 비해 어둡다는 의견이 많았던 곳이다.

이제는 조명을 밝히는 것을 넘어, 공간 전체를 감각적으로 변화시키는 방향으로 나아간다. 오간수교 구간에는 첨단 기술과 미디어 아트를 결합한 조명이 설치된다. 교량에는 성곽을 모티브로 한 장식 조명과 빛의 봉화가 연출돼 청계천과 한양도성의 역사적 상징성을 강조한다. 다리를 지나는 하부에는 음향과 결합한 미디어 아트가 펼쳐지며 문화와 예술이 어우러지는 공간이 조성된다.

버들다리 구간에는 캐노피 구조를 강조한 조명이 곳곳에 배치돼 시각적 포인트를 더하고, 보행로와 주변 수목에는 은은한 조명이 비쳐 차분하고 쾌적한 산책길이 조성될 예정이다. 평화시장 앞 나래교 구간은 생태 환경과 조화를 이루는 빛의 공간으로 변신한다. 생태 보호를 고려해 징검다리와 보행로는 최소한의 안전 밝기로 운영된다.

청계천의 야경이 바뀌면, 그 주변의 흐름도 자연스럽게 달라진다. 은은한 조명이 드리운 물길을 따라 걷다 보면 발걸음이 저절로 느려지며 이 공간에 더 머물고 싶어진다. 동대문의 밤 시장을 찾는 사람들이 청계천을 따라 이동하며 새로운 소비를 만들어 내고, DDP 주변에서 열리는 다양한 문화 행사와 어우러지면서 시너지를 낼 것이다.

야간 경제는 소비가 증가하는 것만을 의미하지 않는다. 밤이 깊어질수록 도시는 더욱 감각적으로 변하고, 사람들은 보다 자유롭게 움직이며 자신만의 시간을 즐긴다. 빛과 공간이 어우러져 새로운 경험을 만들어 내는 것이 야간 경제다. 청계천이 변화하면 서울의 밤도 더욱 다채로워진다. 도심 속에서 밤 문화를 즐길 수 있는 새로운 공간이 탄생하는 것이다.

"외국인들도 상당히 많이 오고 청계천이 서울시의 굉장히 유명한 곳이다 보니까 산책하기가 정말 좋은 것 같아요."

- 조무환

▶ key word

호모나이트쿠스 Homo Nightcus

: 밤을 의미하는 Night에 인간을 뜻하는 Cus를 붙인 신조어로, 밤에 활동하는 사람을 의미한다. 비슷한 말로 올빼미족이 있다.

서울의 밤은 낮보다 아름답다. 조명으로 가득 찬 도시, 한강을 따라 반짝이는 다리와 네온사인이 어우러진 스카이라인은 마치 거대한 야경 박물관 같다. 건물마다 각자의 빛을 내뿜고, 강물 위로는 반사된 불빛이 일렁인다. 그리고 호모나이트쿠스들이 이 화려한 밤을 누구보다 적극적으로 소비한다.

호모나이트쿠스는 밤을 하루의 끝이 아니라 새로운 시작으로 여기는 사람들이다. 낮에는 일하고 밤에는 쉰다는 전통적인 삶의 방식에서 벗어나, 밤을 하나의 문화적 소비 시간으로 적극 활용한다. 심야 드라이브를 즐기고, 루프탑 바에서 칵테일을 마시며 밤의 도시를 감상한다. 때로는 24시간 카페에서 노트북을 켜고 작업하거나, 심야 영화를 보며 새벽 감성을 만끽하기도 한다.

서울은 이런 호모나이트쿠스들에게 친화적인 도시다. 도심 곳곳에는 늦은 밤까지 열려 있는 공간이 많고, 심야 활동에 적합한 다양한 체험형 콘텐츠들을 제공한다. 강변을 따라 펼쳐진 푸드트럭과 핸드메이드 소품들이 한밤의 감성을 더하는 한강 달빛 야시장, 저녁 7시부터 9시까지 서울 도심을 달리는 '7979 서울 러닝크루', 도심 곳곳에서 한밤의 예술과 문화를 체험할 수 있는 '서울 문화의 밤' 프로그램까지. 서울의 밤은 새로운 경험과 감각이 깨어나는 시간이다.

한강야경투어

한강야경투어 신청하기

❶ 한강야경투어는 무료로 진행되며, 누구나 신청 가능합니다.

❷ 회당 성인 35명 인솔자 동반 시, 미성년자 참여 가능 을 모집해요.

❸ 투어 코스는 두 가지로, 반포달빛길 서래섬 - 세빛섬 - 달빛무지개분수 과 여의별빛길 여의나루길 - 마포대교 - 물빛무대 - 물빛광장 이 준비돼 있어요.

❹ 희망 투어일 5일 전까지 한강이야기여행 누리집에서 신청하세요.

호모나이트쿠스들을 위한 다양한 프로그램들 중에서 최근 급부상하고 있는 것이 '한강야경투어'다. 한강을 산책하는 것을 넘어, 해설사와 함께 한강과 서울의 숨은 이야기들을 들으며 야경을 즐기는 프로그램이다. 우리가 익숙하게 보아온 한강과 다리, 빌딩들이 사실은 오랜 역사를 품고 있다는 사실을 깨닫게 된다.

한강야경투어는 4월 말부터 6월, 8월 말부터 10월까지 매주 금요일과 토요일 저녁 7시부터 8시 30분까지 진행된다. 참가비는 무료이며, 누구나 사전 신청을 통해 참여할 수 있다. 매주 새로운 참가자들이 모집되는데, 빠르게 마감될 정도로 인기가 높다. 투어는 해설사 1명, 참여자 35명과 안전요원 2명이 조를 이뤄 진행된다.

투어는 두 가지 코스로 나뉜다. 첫 번째는 반포달빛길로, 서래섬에서 출발해 세빛섬, 잠수교, 달빛무지개분수를 거쳐가는 코스다. 서래섬은 도심 속에서 자연을 느낄 수 있는 조용한 공간으로, 해가 진 후에는 더욱 운치 있는 분위기를 자아낸다. 세빛섬은 마치 한강 위에 떠 있는 듯한 야경 명

소로, 알록달록한 조명이 한강을 물들이는 곳이다. 그리고 마지막으로 도착하는 달빛무지개분수는 세계 최장 길이의 교량 분수로 2008년 기네스북에 등재된 곳이다. 음악과 함께 춤을 추듯 뿜어져 나오는 물줄기가 형형색색의 조명을 머금고 밤하늘을 수놓는다.

2024년 신설된 두 번째 코스는 여의별빛길이다. 여의나루에서 출발해 마포대교, 물빛무대, 물빛광장을 거쳐 가는 루트로, 도심 속에서도 탁 트인 한강의 야경을 감상할 수 있다. 여의나루에서는 한강을 따라 유유히 떠다니는 유람선의 불빛이 밤하늘에 반짝인다. 마포대교에서는 서울의 스카이라인을 한눈에 조망할 수 있다. 반짝이는 빌딩 숲과 탁 트인 강변이 만들어 내는 대조적인 풍경은 서울 밤의 또 다른 얼굴을 보여준다.

서울의 밤은 새로운 문화를 만들어 가고 있다. 호모나이트쿠스들에게 한강야경투어는 서울의 야경을 더 깊이 이해하고 체험하는 하나의 기회가 된다. 친구들과 함께, 혹은 혼자서도 부담 없이 참여할 수 있는 한강야경투어. 야경을 '보기만 하는 것'에서 '즐기는 것'으로 바꿔보고 싶다면, 올해 봄 그리고 가을, 한강야경투어가 답이다.

"엄마, 아빠와 한강야경투어에 같이 왔는데 경치가 너무 아름답고 예뻐서 기분이 좋아요."

- 이승훈

November
11월

서울달
DDP 루프탑 투어
기후동행카드

미래를 상상하다

> key
> word

스카이라인 Skyline

: 하늘과 땅의 경계를 말하지만, 보통 도시 중심부의 건축물들이 어우러져 있는 전체적인 모양을 의미한다.

서울의 대표적인 스카이라인은 강남, 종로, 여의도를 중심으로 각기 다르다. 강남은 롯데월드타워를 비롯한 고층 빌딩들이 밀집해 현대적이고 역동적인 이미지를 자아낸다. 반면 종로는 전통과 현대 건축이 조화를 이루며 서울의 역사성을 담아낸다.

최근 가장 주목받는 스카이라인은 여의도다. 그동안 여의도의 풍경으로는 63빌딩, IFC, 파크원 같은 초고층 빌딩들이 수직으로 솟아 있는 모습이 먼저 떠올랐다. 하지만 이제 밤이 되면 그 건물들 사이, 한강 위로 둥근 서울달이 떠오른다. 건물이 만들어 내는 기존의 직선적인 스카이라인에 곡선을 더하는 존재로, 서울의 밤을 완전히 다른 차원으로 끌어올렸다.

서울달은 여의도공원에 자리 잡은 보름달 모양의 계류식 가스 기구다. 한 번에 최대 20명이 탑승할 수 있고, 최대 130미터m까지 수직 비행하는 방식으로, 서울에서 가장 높은 야경 체험을 선사한다. 기존의 전망대가 고정된 시선으로 서울을 바라본다면, 서울달은 움직이며 색다른 각도에서 서울을 볼 수 있게 해준다.

도심 불빛이 한강 위로 일렁이는 장관은 이곳에서만 만날 수 있는 풍경이다. 운영 시간은 화요일부터 일요일까지 정오부터 밤 10시까지이며, 기상 상황에 따라 운영 일정이 변경될 수 있다. 가격은 성인 2만 5000원, 청소년과 어린이는 2만 원. 기후동행카드 소지자는 10% 할인 혜택을 받을 수 있다.

서울달

서울달 이용하기

❶ 서울달은 여의도공원 잔디마당에 있어요.

❷ 서울달 이용권은 현장 구매와 온라인 네이버/카카오 예매 모두 가능합니다.

❸ 현장에 직접 방문해 탑승권을 구매할 수도 있어요.

❹ 현장 방문 전, 방문 날짜와 시간대의 비행 가능 여부를 꼭 확인하세요.

서울달은 2024년 8월 23일 처음 정식 운영을 시작했다. 이미 시범 운영 기간 동안 2400여 명이 체험했고, 이후 3개월 만에 2만 명이 넘는 사람들이 서울달에 올라 서울의 밤을 새롭게 경험했다. 그중 약 23.7%가 외국인이었다는 점도 주목할 만하다. 여의도라는 공간이 한국의 금융·정치 중심지에서 글로벌 관광지로 확장되는 순간이었다. 한강 위를 가로지르는 도심의 불빛, 저 멀리 남산타워와 북한산, 국회의사당까지. 이 모든 풍경이 서울달 위에서 펼쳐진다.

서울달의 인기는 예상보다 훨씬 뜨겁다. 정식 운영 3개월 만에 4억 8000만 원이 넘는 매출을 기록했고, 일부 호텔과 관광업체들이 서울달을 포함한 패키지 상품을 기획하는 등 상권 활성화 효과도 기대되고 있다. 서울시가 탑승객 1383명을 대상으로 설문 조사한 결과 탑승 경험 만족도는 90.9점으로 나타났다. 응답자의 92.9%는 추천 의향이 있으며 77.5%는 재방문 의향이 있다고 답했다.

서울달은 도심 속에서 시민과 관광객이 함께 즐길 수 있는

공간이자, 서울이 지향하는 도시의 방향성을 상징하는 존재다. 서울은 늘 변화하고 있고, 한강과 여의도는 그 중심에서 도시의 얼굴을 새롭게 만들어 가고 있다.

서울달이 만든 변화는 여의도라는 공간이 가지는 의미 자체다. 전통적으로 여의도는 '일하는 공간'이라는 이미지가 강했다. 국회의사당, 대기업 본사, 금융 기관들이 밀집해 있어 서울에서 분주한 곳 중 하나였다. 하지만 서울달이 등장하면서, 여의도는 금융과 정치의 중심지를 넘어 문화와 관광이 공존하는 공간으로 변신하고 있다. 이제 여의도는 낮에는 경제의 중심지로 기능하고, 밤이 되면 사람들이 하늘로 떠오르는 곳이 되었다.

서울달은 여의도의 풍경을 물리적으로 바꾼 것뿐만 아니라, 이곳을 찾는 사람들이 여의도를 바라보는 방식 자체를 변화시켰다. 한강과 맞닿아 있는 도심, 그리고 그 위를 부드럽게 떠다니는 거대한 달. 서울달이 떠오른 이후, 서울의 스카이라인이 달라지고 있다.

"하늘 높은 데에서 이렇게 서울 전체를 바라보면서 시원한 바람 맞으니까 너무 기분도 좋았고 아기도 좋아하는 것 같아서 너무 상쾌했습니다."

— 황길상

마이크로 투어리즘 Micro Tourism

: 사람이 많이 몰리는 대형 관광지를 찾는 '매크로 macro 투어리즘'에 대비되는 개념이다. 소규모 단위로 멀지 않은 곳의 숨은 명소를 찾는 방식의 여행을 일컫는다.

네온사인이 반짝이는 을지로의 밤, 오래된 간판 아래에 숨은 감성 카페를 발견한다. 한 모퉁이를 돌고 나니 LP가 흐르는 작은 바가 나온다. 익숙한 공간에서 발견하는 새로운 감각. 이것이 바로 마이크로 투어리즘의 매력이다.

과거에는 여행은 '멀리 떠나는 것'이라는 인식이 강했지만 최근에는 짧은 거리, 짧은 시간 안에서도 충분히 새로운 경험을 할 수 있다는 생각이 확산되었다. 빠르게 변화하는 사회에서 여행은 새로운 자극을 찾는 과정이 되고 있다.

마이크로 투어리즘에서 중요한 요소 중 하나는 체험이다. 도예, 공예, 베이킹 같은 원데이 클래스를 통해 직접 무언가를 만들어 보는 경험이 인기다. 플리마켓을 방문해 지역 크리에이터들의 작품을 구경하거나, 친환경 플로깅 투어에 참여해 환경을 생각하는 여행을 하는 것도 새로운 트렌드. 직접 참여하고 새로운 무언가를 경험할 수 있다는 점에서 엠지MZ세대가 선호하는 여행 방식과 잘 맞는다.

여행이 거창한 이벤트가 아니라, 일상 속에서 특별한 순간을 찾는 과정이 되고 있는 지금, 마이크로 투어리즘은 현대인의 여행 패턴을 바꾸고 있다. 당장 멀리 떠나지 않아도 괜찮다. 지금 당신이 있는 곳에서도 충분히 새로운 여행이 시작될 수 있다.

DDP 루프탑 투어

DDP 루프탑 투어 도전하기

❶ DDP 루프탑 투어는 봄 4~5월·가을 10월~에 정식 운영될 예정이에요.

❷ 만 18세 이상 70세 이하 성인 남녀라면 누구나 참여할 수 있어요.

❸ 지붕 위를 걷는 프로그램 특성상 고소공포증이나 건강상 어려움이 있는 경우 아쉽지만 참여가 어려울 수 있어요.

❹ DDP 루프탑 투어 관련 소식은 서울디자인재단 누리집에서 확인해 보세요.

DDP 루프탑 투어는 서울에서 가장 핫한 마이크로 투어리즘 콘텐츠로 떠올랐다. 서울디자인재단이 DDP 개관 10주년을 맞아 2024년 처음 선보인 프로그램으로, 기존 지상 투어에서 한 단계 확장해 지상 29미터m의 DDP 지붕 위에서 서울의 도심 풍경과 독특한 건축미를 몸으로 직접 감상할 수 있는 특별한 경험을 제공했다.

2024년 10월 25일부터 11월 17일까지 진행된 시범 운영에서는 100명의 시민을 모집했는데, 6만 명이 동시 접속하는 폭발적인 반응을 보이며 순식간에 마감되었다. 투어에 참가한 220명 중 97.3%가 만족을 표시했고, 93%가 재방문 의사를 밝혔다.

투어는 DDP 실내외에서 진행되며 세계적인 건축가 자하 하디드가 설계한 건물의 곡선미와 미래적인 디자인을 몸으로 직접 체험할 수 있도록 구성되었다. 특히 루프탑에서는 알루미늄 패널과 사막 식물 '세덤'으로 이루어진 독특한 구조를 가까이에서 볼 수 있다. 가이드의 설명을 들으며

DDP의 건축적 특성과 동대문 지역의 역사적 맥락까지 깊이 이해할 수 있다.

이 투어는 기존의 DDP 건축 투어에서 확장된 방식으로 진행된다. 약 40분의 지상 투어에서는 DDP의 주요 공간을 탐방하며 건축적 특징과 지역의 역사, 문화적 맥락을 체험할 수 있다. 이후 루프탑으로 이동해 약 50분 동안 지붕 위를 걸으며 서울의 전경을 감상한다. 참가자는 안전 장비를 착용한 후 루프탑을 직접 걸으며, DDP의 독창적인 디자인과 주변 풍경을 한눈에 담을 수 있다.

서울시와 서울디자인재단은 2025년 3월 기존 구간 편도 140미터m를 우선 개방하며, 하반기에는 전 구간을 375미터m로 확장하는 공사를 거쳐 10월 이후 동대문과 남산 방향의 전망 포토존을 추가하는 등 더욱 풍성한 투어로 돌아올 예정이다. 확장된 투어 코스에서는 동대문과 남산 일대를 관람할 수 있다. 투어 횟수를 확대하는 등 시민들의 접근성을 높이기 위한 방안도 마련하고 있다.

여행이 거창한 이벤트가 아니라, 일상 속에서 특별한 순간을 찾는 과정이 되고 있는 지금, DDP에서 새로운 여행이 시작된다. 이제 당신이 새로운 순간을 발견할 차례다.

"동대문 지붕에 올라올 수 있는 기회를 얻게 되어서 되게 기뻤고요, 평소에는 알 수 없었던 점들을 자세히 들을 수 있어서 좋았습니다."

– 팽윤정

▶ key word **탄소 중립** 🔍

: 대기 중 온실가스 농도가 인간 활동에 의해 더 증가되지 않도록 순배출량이 0이 되도록 하는 것. '넷제로Net-Zero'라고도 부른다.

탄소 중립은 우리가 배출하는 이산화탄소와 흡수하는 이산화탄소의 양을 같게 만들어 실질적인 탄소 배출을 '0'으로 만드는 것이다. 예를 들어, 자동차를 타거나 전기를 사용할 때 이산화탄소가 배출되지만, 그만큼의 탄소를 나무를 심거나 탄소 포집 기술을 활용해 흡수하면 탄소 중립이 달성된다. 탄소를 덜 쓰고, 쓴 만큼 없애는 것이 핵심이다.

실천은 쉽지 않다. 일상 속에서 탄소 배출을 완전히 없애는 것은 불가능에 가깝기 때문이다. 하지만 방법은 있다. 승용차 대신 버스와 지하철 같은 대중교통을 이용하면 탄소 배출을 줄일 수 있다. 서울시가 기후동행카드를 도입한 것도 바로 이 때문이다.

기후동행카드는 대중교통 이용을 늘려 승용차 사용을 줄이고, 이를 통해 서울의 탄소 배출량을 낮추는 것을 목표로 하는 정책이다. 시민들은 보다 저렴한 비용으로 대중교통을 무제한 이용할 수 있고, 동시에 환경 보호에도 기여할 수 있다. 일상에서 자연스럽게 탄소 중립을 실천할 수 있도록 설계된 것이다.

2024년 1월부터 6월까지 시범사업 후, 7월 1일부터 정식 사업으로 전환된 기후동행카드는 월 6만 5000원으로 서울 시내 버스와 지하철, 자전거를 무제한 이용할 수 있는 정기권이다. 교통비 절감과 환경 보호를 동시에 실천할 수 있어 출시 직후부터 큰 주목을 받았다. 특히 대중교통 이용이 잦은 학생, 직장인, 출퇴근자들에게 매우 유용한 정책으로 평가받으며 빠르게 확산되었다.

기후동행카드

후불 기후동행카드 이용하기

❶ 별도의 충전 없이 이용하고, 결제일에 사용 대금이 자동 청구되는 후불 기후동행카드를 이용할 수 있어요.
❷ 현재 KB국민, 신한, 비씨, 하나, 삼성, 현대, 롯데, 우리, NH농협 등 9개 카드사에서 발급받을 수 있어요.
❸ 카드 발급 후 티머니 카드&페이 누리집에서 카드를 등록해야 요금 혜택을 받을 수 있어요.

출시 1년 만에 기후동행카드는 누적 충전 756만 건을 기록했다. 현재 활성화된 카드만 70만 장에 달한다. 서울 대중교통 이용자 7명 중 1명이 기후동행카드를 사용하고 있다. 월평균 3만 원 이상의 교통비 절감 효과를 보고 있는 셈이다. 시민들이 대중교통을 더욱 자주 이용하게 만드는 동기가 되었다는 점에서 교통 정책의 패러다임을 바꾼 사례로 평가된다.

시민들의 자발적인 친환경 행동을 유도하는 대표적인 정책으로 대한민국 소비 트렌드를 전망하는 베스트셀러 『트렌드 코리아 2025』에도 소개되었다. 책에서는 기후동행카드가 "소소하더라도 확실한 인센티브를 제공해 시민들의 기후 감수성을 독려하는 대표적인 사례"로 꼽으며, 대중교통 이용률 증가와 온실가스 감축 효과를 동시에 거둔 점을 높이 평가했다. 2024년 '시민이 뽑은 최고의 정책'에서도 1위를 차지하며, 시민들에게 가장 실용적인 정책으로 인정받았다.

기후동행카드 도입 이후 승용차 이용이 감소하면서 서울 도심 내 교통 혼잡이 완화되고, 대중교통 이용률이 상승하는 효과를 거뒀다. 기후동행카드 이용자의 약 9%가 승용차 대신 대중교통을 이용하면서 2025년 4개월간 2-5월 약 10만 대 규모의 승용차 운행이 줄어든 것으로 추정된다. 같은 기간 누적 온실가스 감축량은 약 9270톤으로, 20년생 가로수 약 110만 그루를 심은 효과와 같다.

최근 기후동행카드가 더 주목받는 이유 중 하나는 서울을 넘어 수도권으로 그 범위를 확장하고 있어서다. 2024년에는 경기도 김포, 남양주, 구리, 고양, 과천으로 확대되었다. 이는 서울과 인접한 도시들이 하나의 교통 생활권으로 연결되는 효과를 가져오며, 출퇴근자들의 경제적 부담을 줄이는 데 기여할 것으로 보인다. 2025년에는 차세대 수상 운송 수단인 한강버스까지 기후동행카드 이용 범위가 더 확대될 예정이다.

기후동행카드를 소지한 시민들은 서울시에서 운영하는 다양한 할인 혜택을 받을 수 있다. 서울대공원, 서울식물원, 서울시립미술관, 서울달 등에서 최대 50%의 할인 혜택을 제공해, 교통뿐만 아니라 문화·여가 생활까지 연계된 새로운 형태의 복지 정책으로 자리 잡았다.

서울시는 공유 이동수단 연계, 손목닥터9988 마일리지 적립 등 다양한 서비스를 추가해 시민들의 이용 편의성을 높일 계획이다. 이제 서울 시민들은 기후동행카드를 통해 더 저렴하게, 더 편리하게, 그리고 더 친환경적으로 이동할 수 있다. 작은 변화들이 서울을 지속 가능한 도시로 변화시키고 있다.

"매일 대중교통을 이용하는데 보통 이전에 사용했을 때는 한 달에 10만 원 넘게 나왔는데 이제는 요금 걱정 없이 계속 쓸 수 있어서 좋은 것 같습니다."

- 안지훈

December
12월

서울윈터페스타
서울광장 스케이트장
광화문 마켓
서울빛초롱축제
서울라이트

쉼을 디자인하다

key word

펀시티 Fun City

: 서울 곳곳에 체험형 콘텐츠를 조성해 시민과 관광객이 자유롭게 즐길 수 있도록 하는 재미 중심의 도시 조성 프로젝트.

서울이 '혼자 여행하기 좋은 도시'로 선정됐다. 세계 최대 여행 플랫폼 트립어드바이저Tripadvisor가 서울을 2024년 세계에서 혼자 여행하기 가장 좋은 도시 1위로 꼽았다. 서울이 가진 다양한 관광 요소, 편리한 대중교통, 그리고 혼밥·혼술이 자연스러운 문화 등이 높은 평가를 받았다. 특히, 전통과 현대가 공존하는 도시로서 역사적인 궁궐과 최첨단 쇼핑몰, 골목마다 숨은 개성 있는 카페와 문화 공간이 여행의 재미를 더한다는 점이 주목받았다. 실제로 2025년 한국관광공사가 발표한 자료에 따르면 한국을 방문한 외래 관광객 10명 중 8명84%이 별도의 가이드 없이 개별 여행을 즐겼다.

이번 발표는 서울시가 지난 2023년 선포한 '3377 관광 시대' 비전이 순항하고 있다는 것을 의미한다. 3377 관광시대는 연간 3000만 명의 관광객 유치, 1인당 300만 원 소비, 평균 7일 체류, 재방문율 70%를 목표로 하는 관광 전략이다. 이는 서울을 더 오래 머무르고 다시 찾고 싶은 도시로 만들기 위한 계획이다. 이를 실현하기 위해 서울시는 체험형 관광 콘텐츠 개발, 관광 인프라 개선, 고부가 가치 관광 육성 등 다양한 정책을 추진하고 있다.

이 변화의 중심에는 서울을 보다 역동적이고 재미있는 공간으로 만드는 '펀시티 Fun City 프로젝트'가 있다. 직접 참여하고 체험하는 요소를 강화해 서울을 거대한 놀이 공간처럼 바꾸겠다는 전략이다. 서울 곳곳에서 누구나 참여할 수 있는 스트리트 공연이 열리고, 증강현실 AR 기술을 활용한 체험형 콘텐츠, 전통 시장과 연계한 미션형 관광 등이 추진되고 있다.

서울윈터페스타

서울윈터페스타 즐기기

❶ 서울윈터페스타는 광화문, 청계천, DDP, 서울광장, 보신각 등에서 진행되는 통합형 겨울 축제예요.
❷ 누구나 쉽고 재미있게 참여할 수 있는 프로그램들이 마련돼 있어요.
❸ 서울윈터페스타 누리집에서 축제별 일정과 상세 프로그램을 확인하세요.
❹ 축제를 앞두고 다양한 이벤트도 진행돼요. 서울윈터페스타 SNS 계정을 팔로우해 보세요!

2023년 처음 개최한 '서울윈터페스타'는 그동안 서울 곳곳에서 분산 진행되던 겨울 행사를 한데 묶은 초대형 축제다. 도심 전역에 활기를 불어넣고 나아가 글로벌 문화 발신지 서울을 세계적으로 알린다는 목적이다. 조명과 미디어 아트, 겨울 레포츠, 크리스마스 마켓 등 다채로운 프로그램을 통해 시민들과 관광객들에게 색다른 경험을 제공한다.

2024년에는 12월 13일부터 1월 5일까지 24일간 진행됐으며, 누적 방문객 539만 명을 기록했다. 특히 광화문에서 열린 '서울라이트 광화문', 청계천 일대의 '서울빛초롱축제'는 서울의 대표적인 겨울 명소로 자리 잡으며 높은 관심을 끌었다. 이 두 프로그램은 대형 미디어 파사드와 조형물을 통해 도심을 환상적인 빛의 공간으로 변화시켰고, 저녁이 되면 더욱 많은 인파가 몰리며 겨울밤의 낭만을 더했다.

겨울철은 야외 활동이 힘든 시기임에도 불구하고, 다양한 체험형 콘텐츠는 시민들의 발길을 끌어당겼다. 대표적으로 서울광장에 마련된 스케이트장은 2024~2025 겨울 시즌

52일간 약 17만 명이 방문하며 겨울 레포츠 명소로 자리 잡았다. 외국인 관광객들의 관심도 높아졌는데, '디스커버 서울패스'와의 제휴를 통해 무료 이용이 가능해지면서 해외 관광객들의 참여율이 크게 늘었다. 서울윈터페스타가 시민 축제를 넘어 글로벌 관광 콘텐츠로 자리 잡고 있음을 보여준다.

중국 신화통신, 일본 NNA, 카타르 알자지라 등 주요 외신은 '안전하고 활기찬 서울의 겨울을 만끽할 수 있는 대표 축제'로 소개했고, 미국 ABC, 영국 BBC, 프랑스 AFP 등은 제야의 종 타종 행사를 비중 있게 다뤘다.

축제가 진행되는 동안 광화문, 청계천, DDP, 서울광장 등 주요 관광지들은 자연스럽게 하나의 거대한 테마파크처럼 연결되며, 서울이라는 도시 자체가 거대한 놀이터로 변신한다. 빛과 음악, 스포츠와 전통이 어우러진 이 축제가 겨울철 새로운 즐거움을 선사하고 해외 관광객들에게는 '서울에서만 경험할 수 있는 특별한 겨울'이라는 인상을 심어주고 있다. 서울의 겨울은 더 이상 조용히 지나가는 계절이 아니다.

"축제한다는 거 보고 '와, 벌써 한 해가 다 갔구나' 느낌이 새롭더라고요."

- 김경화/박소연

> key word

디스커버 서울패스 Discover Seoul Pass 🔍

: 외국인 관광객이 한 장의 카드로 서울 시내 주요 관광지를 48시간, 72시간, 120시간 동안 이용할 수 있는 서울 관광 자유 이용권 카드.

서울을 여행하는 외국인들에게 필수 아이템으로 뜨고 있는 디스커버 서울패스. 서울을 더 편리하고 경제적으로 탐험할 수 있도록 돕는 올인원 관광 자유이용권 카드다. 2016년 처음 출시된 이후, 매년 이용자가 꾸준히 증가하며 2024년에는 누적 이용 건수가 100만 건을 돌파했다.

이 패스를 사용하면 경복궁, 롯데월드, N서울타워 전망대, 코엑스 아쿠아리움 등 서울의 대표 관광지 70여 곳을 무료로 입장할 수 있다. 또 더현대 서울, 서울스카이 등 110곳 이상에서 할인 등 쿠폰 제휴 혜택을 받을 수 있어 서울을 제대로 즐기고 싶은 외국인 관광객들에게 경제적이고 실용적인 선택지로 자리 잡고 있다.

원하는 사용 시간에 따라 48시간7만 원, 72시간9만 원, 120시간13만 원 가운데 선택할 수 있으며, 첫 사용 순간부터 설정된 시간이 지나기 전까지 무제한으로 혜택을 받을 수 있다는 점이 가장 큰 장점이다. 최근엔 모바일 패스 사용률이 급격히 증가하고 있는데, 2024년 1월 18%였던 모바일 패스 이용 비율이 11월에는 46%로 2.5배 이상 증가했다.

디스커버 서울패스는 꾸준히 새로운 혜택을 추가하며, 더욱 강력한 관광 패스로 거듭나고 있다. 2024년에는 기존 혜택에 서울랜드, 빛의 시어터 등 11개 무료입장 시설이 추가되었고, 하나은행, 신세계백화점 본점, 서울남산국악당 등 14개 시설에서 추가 할인 혜택을 받을 수 있게 되었다.

특히 눈길을 끄는 건 서울광장 스케이트장 무료 이용 혜택이다. 겨울철 서울을 대표하는 명소 중 하나인 서울광장 스케이트장에서, 별도의 입장료 없이 스케이팅을 즐길 수 있게 되었다.

서울광장 스케이트장

서울광장 스케이트장 이용하기

❶ 매해 12월에서 2월, 서울광장이 스케이트장으로 변신해요.

❷ 매일 10시부터 21시 30분 주말 23시 까지 열리고, 크리스마스와 송년 제야에는 1시까지 연장 운영돼요.

❸ 빙상 선수 출신 지도자에게 강습을 받을 수도 있어요.

❹ 입장권 예매 및 강습 신청은 서울광장 스케이트장 누리집에서 할 수 있어요.

서울광장 스케이트장은 서울의 겨울을 대표하는 특별한 공간이다. 서울시청 앞 광장은 겨울철이면 거대한 아이스링크로 변신한다. 남녀노소 누구나 부담 없이 방문해 스케이팅을 즐길 수 있는 장소다. 접근성이 뛰어나고 저렴한 이용료 덕분에 매년 수많은 시민과 관광객이 찾고 있다.

서울광장 스케이트장의 가장 큰 장점은 접근성이 뛰어나다는 점이다. 지하철 1·2호선 시청역에서 나오면 바로 앞에 있어 쉽게 방문할 수 있다. 또한, 이용료가 시간당 1000원으로 매우 저렴하다. 이 비용에는 스케이트 대여료, 헬멧 및 보호대 등의 안전 장비까지 포함되어 있어 누구나 부담 없이 즐길 수 있다. 이러한 이유로 매년 서울 시민뿐만 아니라 많은 관광객들도 서울광장 스케이트장을 찾아왔다.

방문객 수는 매년 증가하는 추세다. 최초 개장한 2004년 12만 8000명이 방문한 이래 연평균 15만여 명이 찾을 정도로 시민들의 겨울 명소로 자리 잡았다. 2024~2025 시즌에는 17만 명이 스케이트장을 찾는 등 큰 인기를 끌고 있다.

서울광장 스케이트장은 다양한 프로그램과 부대 행사를 통해 더욱 다채로운 경험을 제공한다. 초보자를 위한 스케이트 강습 프로그램이 운영되며, 어린이를 위한 강습은 특히 인기가 높다. 주말이나 크리스마스, 설날 등에는 다채로운 공연과 참여형 행사가 열리고 때마다 특별한 이벤트도 열려 방문객들에게 색다른 즐거움을 선사한다.

한겨울의 매서운 추위 속에서도 즐겁게 스케이팅을 즐길 수 있도록, 별도의 카페와 매점을 운영한다. 잠시 쉬면서 따뜻한 음료와 먹거리도 즐기고 얼어붙은 몸을 녹일 수 있다.

서울광장 스케이트장은 서울을 대표하는 글로벌 겨울 명소로 도약할 가능성이 크다. 특히 디스커버 서울패스와 연계되면서 외국인 관광객들의 유입이 더욱 증가할 것으로 예상된다. 아름다운 겨울밤의 야경을 배경으로 스케이팅을 즐길 수 있는 서울광장 스케이트장에서 서울의 겨울을 제대로 만끽해 보는 건 어떨까?

"야외에서 스케이트 타는 게 처음인데, 너무 재밌고 잘 타는 분들이 너무 많으셔서 저희도 많이 배워 가는 것 같아요."

- 김경아

key word

크리스마스 마켓 🔍

: 유럽 곳곳에서 열리는 연말 시장으로, 크리스마스를 앞두고 특별한 분위기를 즐길 수 있는 축제다.

겨울이 되면 유럽 곳곳에서 열리는 연말의 가장 반짝이는 축제, 크리스마스 마켓이다. 원래는 중세 유럽에서 겨울철 생필품을 사고파는 시장이었지만, 시간이 지나면서 크리스마스 장식과 선물을 판매하는 공간으로 변화했다. 사람들은 이곳에서 한 해를 마무리하는 설렘을 느끼고, 따뜻한 조명 아래에서 사랑하는 사람들과 시간을 보낸다. 반짝이는 트리 장식과 화려한 불빛 속에서 글뤼바인 Glühwein·독일식 뱅쇼을 한 모금 마시면 매콤한 계피 향과 달콤한 와인이 혀끝을 감싸고, 찬 공기 속에서도 몸이 따뜻해지는 기분이 든다.

크리스마스 마켓은 도시마다 개성과 분위기가 다르다. 세계적으로 가장 유명한 독일 뉘른베르크의 '크리스트킨들마르크트Christkindlesmarkt'는 16세기부터 이어져 온 전통을 자랑한다. 개막식에서는 '크리스트킨트Christkind'라 불리는 금발의 천사가 연설을 하며 축제의 시작을 알린다. 오스트리아 빈의 크리스마스 마켓은 고풍스러운 건축물과 어우러진 로맨틱한 분위기로 유명하고, 프랑스 스트라스부르 크리스마스 마켓은 '크리스마스 수도'라는 별명을 가질 정도로 규모가 크다.

크리스마스 마켓은 그 지역만의 독특한 크리스마스를 경험할 수 있는 기회다. 뉘른베르크에서 갓 구운 레브쿠헨독일 전통 쿠키을 맛보고, 빈의 전통적인 크리스마스 오너먼트를 고르고, 스트라스부르에서 30미터m에 달하는 초대형 트리 아래에서 사진을 남기는 것. 크리스마스 마켓이 주는 특별한 경험이다.

광화문 마켓

광화문 마켓 즐기기

❶ 광화문 광장에서 크리스마스 마켓의 정취를 느껴 보세요!

❷ 크리스마스 시즌 상품부터 다양한 먹거리까지 즐길 것이 가득해요.

❸ 반짝이는 트리, 산타 썰매 등 곳곳에 포토존이 마련돼 있어요.

❹ 광화문 마켓의 체험 프로그램과 이벤트는 누리집과 SNS 계정에서 확인해 보세요.

크리스마스 마켓이 유럽만의 전유물은 아니다. 서울에도 이 낭만적인 분위기를 그대로 재현한 곳이 있다. 바로 광화문 마켓이다. 연말연시가 다가오면 광화문광장은 서울에서 가장 따뜻한 장소로 변신한다. 광장 곳곳에는 화려한 조명과 반짝이는 트리, 아기자기한 핸드메이드 소품들이 늘어서 겨울밤을 더욱 특별하게 만든다.

2024년에도 12월 13일부터 1월 5일까지 광화문 마켓이 열렸다. 서울 한복판에서 연말의 설렘과 마법 같은 순간을 경험할 수 있는 곳이었다. 총 164만 명이 방문해 사랑하는 사람들과 함께 시간을 보냈다.

광장 한가운데 우뚝 선 15미터m 높이의 크리스마스 트리는 광화문 마켓의 중심이었다. 낮에는 화려한 장식으로, 밤에는 은은한 조명으로 방문객들의 시선을 사로잡았다. 트리 아래 마련된 '산타 마을'에서는 동화 같은 풍경이 펼쳐졌다. 연인들은 트리 앞에서 사진을 찍고, 아이들은 반짝이는 장식품을 손에 들고 환호했다. 포토존뿐만 아니라 다양

한 수공예품도 준비돼, 한정판 크리스마스 장식이나 손으로 만든 작은 선물을 고르는 재미도 있었다.

'산타마을 놀이광장'에서는 특별한 체험 프로그램이 진행됐다. 대표적인 프로그램 중 하나인 '소원분수'에는 동전을 던지며 새해 소원을 비는 사람들로 가득했다. 어떤 이들은 진지한 얼굴로 새해를 위한 간절한 바람을 담았고, 어떤 이들은 친구들과 장난을 치며 한 해를 돌아봤다. 직접 새해 카드를 만들어 소중한 사람들에게 전할 수 있는 공간도 마련됐다.

마켓 하면 빼놓을 수 없는 것이 바로 먹거리다. '산타마을 맛집거리'에서는 크리스마스를 기념하는 다양한 디저트와

따뜻한 음식을 만날 수 있었다. 핫초코와 진저브레드 쿠키, 한국 전통 과자를 현대적으로 해석한 디저트까지. 입안에서 녹아내리는 달콤한 맛이 겨울의 차가운 공기와 대비되며 더욱 깊은 여운을 남겼다. 여기에 크리스마스 한정 메뉴를 판매하는 푸드트럭까지 가세해, 광화문광장은 온종일 맛있는 냄새로 가득했다.

광화문 마켓은 소상공인들에게는 겨울철 최대의 홍보 기회다. 지난해에는 50개 부스에 141개의 업체가 참여해 총 7억 200만 원의 매출을 기록했다. 매주 새로운 상인들이 참여하면서 방문할 때마다 다른 제품과 브랜드를 만날 수 있는 것도 큰 매력이다.

광화문 마켓은 서울 한복판에서 겨울을 가장 아름답게 즐길 수 있는 곳이다. 반짝이는 조명 아래에서 따뜻한 음식을 나누고, 손으로 만든 소품을 구경하고, 한 해의 끝자락에서 사랑하는 사람과 함께 시간을 보낼 수 있는 특별한 공간. 연말의 바쁜 일상 속에서도 잠시 멈춰 서서 따뜻한 감성을 느낄 수 있는 곳. 크리스마스 마켓의 마법 같은 순간이 서울에서도 펼쳐진다. 해마다 더 풍성해지는 광화문 마켓, 다가올 겨울이 벌써 기다려진다.

12월 | 삶을 디자인하다

광화문 마켓

라이트 아트 Light Art

: 빛이라는 시각적인 요소를 활용하는 예술을 가리킨다. 전구, 형광등, 네온등, 레이저 광선 등 다양한 빛이 활용된다. 1960년대부터 주목을 받았다.

매년 겨울 서울을 환하게 밝히는 서울빛초롱축제는 빛을 이용해 전통과 현대를 녹여내는 행사로, 해마다 수백만 명을 청계천 일대로 불러 모으는 우리나라 대표 라이트 아트다. 데이트 명소로, 가족 나들이로, 인생샷 촬영지로 이곳을 찾는다. 청계광장을 시작으로 길게 이어진 축제 구간은 마치 거대한 갤러리를 길게 펼쳐 놓은 듯하다.

이 축제가 특별한 이유 중 하나는 한지 등불이다. 닥나무 껍질을 이용해 만든 한지는 조명과 만났을 때, 빛을 부드럽게 퍼뜨리는 특성이 있어 따뜻한 온기를 표현한다. 한지 등을 바라보면 빛이 살아있는 것 같은 느낌이 든다. 이런 감성적인 빛이 만들어내는 분위기는 LED 네온사인으로 가득한 다른 라이트 페스티벌과 분명히 다르다.

덕분에 외국인 관광객들의 반응도 뜨겁다. 서울의 도심에서 이렇게 전통적인 요소와 현대적인 빛의 조형물이 공존하는 곳은 흔치 않기 때문이다. 한국적인 감성이 묻어나는 등불과 빛의 조형물들은 다른 나라에서는 쉽게 볼 수 없는 독창적인 문화 콘텐츠다. 해마다 새로운 테마와 조형물을 선보이면서, 방문객들에게 매번 다른 감동을 선사한다. 한번 다녀간 사람들은 겨울이 되면 또다시 청계천을 찾게 된다.

서울빛초롱축제

지난해 서울빛초롱축제는 'SOUL LANTERN: 서울, 빛을 놀이하다'를 주제로 열렸다. 청계광장에서 삼일교까지 약 1킬로미터km 구간을 따라 240여 개의 빛 조형물이 전시됐다. 이번 축제는 총 네 개의 구역으로 나뉘어 구성됐는데, 고유한 주제와 개성 있는 작품들로 각기 다른 모습을 선보였다.

첫 번째 1구역 '빛의 연희'는 청계광장에서 광통교까지 이어졌으며, 전통 어가 행렬과 한국의 전통 예술을 빛으로 표현한 공간이었다. 조선시대 임금의 행차 모습을 산대놀이, 풍물놀이 등의 형식으로 구현하여 한국 고유의 멋을 조명과 함께 감상할 수 있도록 했다.

다음 2구역 '빛으로 일상탈출'은 광통교에서 광교까지의 구간으로, 세계적인 랜드마크와 전통놀이 문화를 주제로 꾸며졌다. 에펠탑, 빅벤 같은 유명한 조형물들을 빛으로 재현했으며, 제기차기, 연날리기, 말뚝박기 등 전통놀이 문화를 조명 조형물로 표현해 관람객들에게 색다른 경험을 제공했다.

3구역 '일상의 희락'은 광교에서 장통교까지의 구간으로, 전통 혼례와 급제 문화를 조명 작품으로 재해석했다. 전통 혼례의 아름다움을 빛으로 형상화했고, 청계천의 맑은 물 속에서 물고기들이 노니는 모습을 조형물로 연출해 한국적 감성을 강조했다.

마지막 4구역 '빛의 서울산책'은 장통교에서 삼일교까지 이어지며, 서울의 과거와 현재, 그리고 미래를 조명으로 풀어냈다. 서울의 마스코트 해치를 중심으로 미디어 아트를 활용해 신비로운 분위기를 조성했고, 청계천을 항해하는 배와 물속을 유영하는 고래 등의 모습을 조명으로 연출해 다양한 볼거리를 제공했다.

라이트 아트는 공간을 변화시키고, 감성을 불러일으키며,

사람들의 기억 속에 특별한 순간으로 남는다. 서울빛초롱축제는 그중에서도 가장 한국적인 정체성을 담았다. 차가운 겨울밤, 서울의 빛이 만들어 내는 가장 따뜻한 순간을 경험하고 싶다면, 청계천을 따라 흐르는 빛의 물결 속으로 걸어 들어가 보기를 추천한다.

미디어 파사드 Media Façade

: 미디어 media와 건물 외벽을 뜻하는 프랑스어 파사드 façade를 합친 말로, 건물 외벽에 LED 등 조명을 설치해 이미지나 영상을 구현하는 기법을 뜻한다.

미디어 파사드는 건물의 외벽을 스케치북 삼아 빛과 영상으로 새로운 풍경을 창조한다. 과거에는 광고 중심이었지만, 이제는 공공 예술과 도시 브랜드를 형성하는 중요한 요소로 자리 잡았다. 빛과 기술이 결합해 공간을 새롭게 경험하게 만들며, 도시의 야경을 이야기로 채운다.

미디어 파사드를 보고 있으면 마치 도시가 살아 움직이는 듯한 느낌을 받는다. 고요한 밤하늘을 배경으로 펼쳐지는 변화는 SF 영화 속 한 장면처럼 보이기도 하고, 때로는 몽환적이고 신비로운 분위기를 연출하기도 한다. 익숙한 거리조차 새롭게 보이게 만든다.

매년 겨울과 가을, 서울의 밤은 대규모 미디어 파사드 쇼로 그 어느 때보다 화려해진다. 빛과 소리가 만나 도심 한복판의 건물이 살아 움직이는 '서울라이트' 축제 덕분이다. 광화문과 DDP가 미디어 아트의 무대로 변하면서, 건축물은 하나의 캔버스가 된다. 이곳에서 펼쳐지는 것은 빛과 소리, 기술과 예술이 결합된 거대한 감각적 경험이다.

서울라이트

서울라이트 보러 가기

❶ 광화문과 동대문 DDP 전면 외벽에 초대형 미디어 파사드 작품이 상영돼요.
❷ 현장 곳곳에 비치된 QR코드를 스캔하면 서울라이트 작품 가이드를 확인할 수 있어요.
❸ 서울라이트 기간 동안 광화문과 DDP 인근에는 다양한 문화 행사도 함께 마련돼요.
❹ 올해의 서울라이트 일정은 연말 서울문화포털에서 확인하세요.

서울라이트는 시즌별로 색깔이 다르다. 겨울 시즌에는 광화문과 DDP에서 동시에 진행되며, 연말연시 분위기와 어우러져 더욱 강렬한 인상을 남긴다. 광화문에서는 전통과 현대, 서울의 과거와 미래를 연결하는 이야기들이 펼쳐지고, DDP에서는 첨단 기술과 미디어 아트가 결합된 실험적인 작품들이 상영된다. 가을 시즌에는 DDP에서만 열리며, 자연과 도시, 미래를 주제로 한 몰입형 미디어 아트가 중심이 된다. 매시 정각, 30분마다 건물 외벽이 하나의 거대한 스크린으로 변하며 서울의 정체성과 이야기가 빛과 소리로 흘러나온다.

서울라이트는 도시 자체를 새로운 감각으로 경험하도록 만든다. 매일 지나치던 공간이 미디어 아트를 통해 전혀 다른 장소로 변하는 순간, 도시는 더 이상 배경이 아니라 이야기를 품은 공간이 된다. 광화문이 거대한 미디어 스크린이 되고, DDP의 곡선형 외벽이 우주의 일부처럼 빛날 때, 우리는 서울이라는 도시에 대해 다시 한번 생각하게 된다. 이 프로젝트에는 매년 세계적인 미디어 아티스트들이 참

여한다. 2024년 겨울 시즌에는 프랑스의 다비드 위고노 David Hugonot가 광화문의 과거, 현재, 미래를 조명하는 'Suprême Ultime'을 선보였다. 서울과 프랑스의 루브르 궁을 대비하며, 서로 다른 도시의 시간을 병렬적으로 풀어내는 작품이었다. 같은 해 가을 시즌에는 한국의 대표적인 추상화가 김환기의 작품을 재해석한 '시時의 시詩'가 DDP에서 상영되며, 점, 선, 면을 통해 한국적인 정서를 빛과 소리로 풀어냈다. 이전 시즌에는 한국의 자이언트 스텝을 비롯해 프랑스, 이탈리아, 튀르키예 출신 아티스트들도 참여하며 각자의 시선으로 서울을 해석했다.

이 행사는 매년 수십만 명의 관람객을 끌어모으고 있다. 연

말이면 광화문과 DDP는 사람들로 꽉 찬다. 지난해 광화문에는 80만 명이 몰려들고, DDP에도 138만 명이 방문했다. 누군가는 연말 데이트를 즐기고, 누군가는 새해 소원을 빌기 위해 이곳을 찾는다. 특히 카운트다운 이벤트가 열리는 순간, 서울라이트는 하나의 거대한 감정의 장이 된다. DDP 외벽에는 시민들이 직접 작성한 새해 소망이 미디어 파사드로 상영된다. "올해는 꼭 이루고 싶은 꿈이 있어요.", "가족 모두 건강하게" 등 사람들이 쓴 작은 문장들이 거대한 건축물을 수놓는다. 서울의 밤은 수많은 사람들의 희망과 기대가 모이는 공간이 된다.

미디어 파사드를 보며 사람들은 다양한 감정을 느낀다. 거대한 빛과 사운드가 어우러지는 장면 앞에서 압도적인 몰입감을 경험하기도 하고, 서울의 이야기가 담긴 콘텐츠를 통해 공감과 감동을 느끼기도 한다. 건물 자체가 살아 움직이는 것처럼 보이는 프로젝션 맵핑 기술 덕분에 동화 속에 들어온 것 같은 기분에 빠지기도 한다. 어떤 작품은 자연의 아름다움을 구현해 도시 한복판에서 고요한 바다나 숲을 경험하는 듯한 감각을 선사하기도 한다. 하지만 무엇보다도 이 행사가 특별한 이유는 서울이라는 도시를 다시 보게 만드는 힘이 있기 때문이다. 익숙한 장소가 낯설고 새로운 공간으로 바뀌는 순간, 서울은 우리가 아는 서울이면서도, 동시에 전혀 다른 도시가 된다.

서울라이트는 빛과 예술, 기술이 결합해 도시를 하나의 거대한 작품으로 만드는 프로젝트다. 매년 새로운 작품과 기술로 변화하는 이 축제는 서울을 빛의 도시로 만들어 가는 과정 그 자체다.

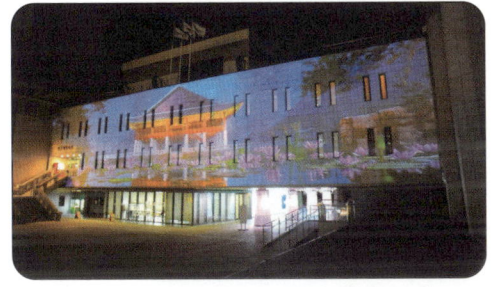

"어떻게 구상하는지 너무 신기해서 궁금해하면서 지켜봤던 것 같습니다. 보지 못했던 그래픽. 그런 디자인이 아주 인상 깊었던 것 같아요."

- 권수정/이현열

January
1월

> **key word** 🔍 **신년 음악회**

> : 새해를 기념하며 열리는 음악회로, 새해의 안녕을 기원하고 즐거움을 나누는 목적으로 개최된다. 빈 필하모닉 신년 음악회는 매년 100여 개 국가에 중계될 정도로 인기가 높다.
>
> 클래식 공연이라고 하면 왠지 낯설고 어렵게 느껴질 수도 있지만, 신년 음악회는 다르다. 새해를 맞이하며 듣는 음악은 새로운 시작을 다짐하는 순간이 되기도 하니까. 차가운 겨울밤, 공연장의 불이 서서히 꺼지고 숨죽인 관객 사이로 웅장한 오케스트라 선율이 울려 퍼지는 순간, 비로소 새해가 시작되는 기분이 든다.

신년 음악회의 전통은 오스트리아 빈에서 시작됐다. 매년 1월 1일, 빈 필하모닉 오케스트라가 연주하는 신년 음악회는 세계적으로 가장 유명한 공연 중 하나다. 1939년부터 이어진 이 음악회는 단순한 연주회가 아니라 하나의 중요한 연례행사다. 이 공연은 전 세계 100여 개국에 중계되며, 백만 명이 넘는 사람들이 생중계로 감상할 정도로 영향력이 크다. 그 밖에 독일 베를린 필하모닉, 미국 뉴욕 필하모닉 등도 매년 신년 음악회를 연다.

한국에서도 신년 음악회는 이제 중요한 새해 기념행사로 자리 잡고 있다. KBS교향악단, 국립심포니오케스트라 등 전국의 주요 오케스트라가 신년 음악회를 개최하지만, 그중에서도 단연 최고의 신년 음악회로 꼽히는 것은 서울시립교향악단의 무대다. 한국 클래식 음악의 중심이라 할 수 있는 서울시향은 매년 1월, 새해 첫 공연으로 신년 음악회를 선보인다.

서울시향 신년 음악회

클래식 초보도 신년 음악회는 충분히 즐길 수 있다. 일반 클래식 공연보다 분위기가 한층 자유롭고, 대중적인 곡들이 많이 포함되기 때문이다. 오페라 서곡, 왈츠, 폴카 등 경쾌한 곡들이 연주되며, 지루할 틈 없이 다채로운 프로그램이 이어진다. 게다가 라이브로 듣는 오케스트라의 선율은 음원으로 듣던 것과는 비교

할 수 없는 감동을 선사한다. 온몸으로 음악을 맞이하는 경험, 새해를 맞아 한 번쯤 느껴볼 가치가 충분하다.

올해도 서울시향 신년 음악회는 특별한 무대들로 가득했다. 서울시향의 음악감독인 얍 판 츠베덴Jaap van Zweden의 지휘 아래 진행된 이번 공연은 마치 클래식 여행을 떠나는 듯한 구성이었다. 첫 번째로 연주된 곡은 멘델스존의 교향곡 제4번 '이탈리아'. 멘델스존이 이탈리아를 여행하며 받은 영감에서 탄생한 이 곡은, 처음부터 끝까지 밝고 생동감 넘치는 선율로 가득하다. 따뜻한 햇살이 내리쬐는 로마의 광장, 축제와 춤이 끊이지 않는 나폴리의 거리, 유려한 풍경 속을 거니는 여행자의 설렘이 녹아 있다.

얍 판 츠베덴 서울시향 음악감독

2부의 시작은 시벨리우스의 바이올린 협주곡이었다. 핀란드의 차가운 겨울과 깊은 숲을 연상시키는 이 곡은 북유럽 특유의 신비로운 분위기와 서정적인 멜로디가 어우러져 있다. 서늘한 공기 속에서 깊이 울려 퍼지는 듯한 바이올린 선율이 인상적이며, 특히 감정의 변화가 극적으로 펼쳐진다. 이번 공연에서는 신예 바이올리니스트 김서현과의 협연으로 더욱 섬세하고 강렬한 울림을 선사했다.

이어 연주된 곡은 요한 슈트라우스 2세의 '박쥐' 서곡이 열었다. 오페레타 대중적이고 가벼운 오페라 특유의 경쾌하고 유쾌한 리듬이 관객들의 어깨를 들썩이게 만들었다. 빠르고 재치 있는 멜로디가 이어지면서, 공연장은 한순간에 축제의 분위기로 물들었다.

신년 음악회의 마지막은 '아름답고 푸른 도나우'가 장식했다. 매년 빈 필하모닉 신년 음악회의 피날레를 장식하는 곡으로, 전 세계적으로 사랑받는 왈츠곡 중 하나다. 서서히 흐르는 잔잔한 도입부가 지나면, 마치 도나우강 위에서 물결을 타듯 부드럽고 우아한 선율이 펼쳐진다. 한 해를 여는 기분 좋은 설렘과 희망이 음악 속에 담겼다.

서울시향 신년 음악회의 매력은 매해 기대하게 만드는 곡 선정에서 끝나지 않는다. 웅장한 오케스트라의 소리뿐만 아니라, 감정을 끌어올리는 극적인 구성과 무대 연출이 더해지면서 새해의 설렘을 극대화한다. 클래식 마니아들은 정통 클래식의 깊이를 즐기고, 클래식을 처음 접하는 사람들도 "이렇게 재미있을 줄 몰랐다"는 반응을 남긴다. 음악이 주는 벅찬 감동이 누구에게나 전해지는 순간이다.

서울시향이 신년 음악회를 통해 전하는 메시지는 분명하다. 클래식은 일부 사람들만의 것이 아니라, 누구나 즐길 수 있는 음악이라는 것. 한 해를 새롭게 시작하는 순간, 아름다운 선율 속에서 자신의 목표를 다짐하고 싶다면, 신년 음악회만큼 완벽한 무대는 없다. 앞으로도 서울시향은 클래식의 전통을 지키면서도, 시대에 맞춘 다양한 시도를 통해 더욱 풍성한 음악적 경험을 선사할 것이다.

2025년 서울시향 신년 음악회 포스터

▶ key word

네트워크형 미술관 🔍

> **: 서울시립미술관의 비전. 서소문 본관을 중점으로, 서울 곳곳에 펼쳐진 각 분관들이 시대와 미술의 변화에 조응해 교차하고, 서로를 채우며 성장하는 형태의 미술관을 의미한다.**
>
> 미술관 하면 흔히 떠올리는 이미지가 있다. 거대한 건물 안에 작품이 쭉 걸려 있고, 조용히 감상하는 분위기. 그런데 요즘 미술관은 좀 다르다. 서울시립미술관SeMA은 한 곳이 아니라 서울 전역에서 예술을 경험할 수 있도록 '네트워크형 미술관'을 운영 중이다. 하나의 유기체처럼 따로 또 같이 움직이는 미술관인 셈이다.

서울시립미술관은 현재 서소문본관을 중심으로 북서울미술관노원구, 남서울미술관관악구, SeMA 창고마포구, 미술아카이브종로구, 백남준기념관종로구 등 여러 공간을 운영 중이다. 서울 곳곳에 미술관이 분산되어 있고, 이들은 각자 특성을 살리면서도 하나의 큰 흐름 속에서 연결된다. 지역별로 특색을 살리면서도 유기적으로 이어지는 방식이다. 덕분에 시민들은 한 곳이 아닌 여러 곳에서 다양한 예술을 경험할 수 있다.

이런 네트워크형 미술관의 가장 큰 장점은 도시 전체를 하나의 거대한 예술 플랫폼으로 확장하는 데 있다. 도시 곳곳에서 예술을 경험하며, 지역의 문화적 맥락 속에서 다양한 시각으로 해석할 수 있도록 돕는다. 또 특정 지역에만 집중되었던 문화 시설을 여러 곳으로 분산해 문화 접근성을 높이고, 지역 간 문화 격차를 줄이는 효과도 기대할 수 있다.

네트워크형 미술관이 더욱 주목받는 이유는 미술관이 도시 내에서 예술적 실험과 교육, 연구가 이루어지는 복합적 공간이 될 수 있기 때문이다.

서서울미술관

서서울미술관 이용하기

❶ 서서울미술관은 금천구 독산동 금나래중앙공원에 위치해 있어요.
❷ 서서울미술관은 예약 없이 무료로 관람 가능합니다. 단, 특별전 및 기획전 등 전시별로 관람료가 발생할 수 있어요.
❸ 뉴 미디어와 융복합 예술 분야의 기획 전시와 소장품을 활용한 특별전시 등 다채로운 전시 프로그램이 마련돼요.
❹ 전시 외에 아동, 청소년, 시니어 등을 대상으로 하는 맞춤형 예술 교육 프로그램도 운영돼요.

과거 서울 서남권은 공업 지대였고, 최근에는 IT·패션·디자인 등 다양한 산업이 공존하는 지역으로 변화하고 있다. 이런 지역적 특성을 반영해 서서울미술관은 뉴미디어, 융복합 예술, 청소년 및 취약 계층을 위한 예술 교육에 특화된 공간으로 조성된다. 예술이 다양한 사회적·기술적 변화와 연결될 수 있도록 하는 실험적 시도다.

서울시는 서서울미술관 개관 전부터 사전 프로그램을 운영하며, 이 미술관이 어떤 역할을 할 것인지 탐색해 왔다. 2020년부터 진행된 프로그램을 보면, '미술관은 누구에게 열려있는가', '미술의 대상과 영향', '급변하는 환경 속 미술관의 역할' 등을 다루며, 미술관이 사회와 적극적으로 소통하는 공간이 되어야 한다는 점을 강조했다.

특히 2023년 진행된 '서쪽 서식지' 프로그램은 도시 환경, 기술, 미디어, 일상 문화를 결합하는 새로운 방식의 예술 플랫폼을 고민하며, 서서울미술관이 기존 미술관과 차별화된 공간으로 자리 잡을 것임을 보여준다. 서서울미술관

서서울미술관 조감도

은 이주, 산업, 여성, 돌봄, 평등, 다원성 등 사회적 이슈를 예술로 풀어내고, 이를 공유하는 장소가 될 것이다.

서서울미술관의 개관으로 서울시립미술관의 네트워크형 체제는 더욱 완성도를 높이게 된다. 2025년에는 서서울미술관과 함께 서울시립 사진미술관도봉구도 개관할 예정인데, 이를 통해 서울의 동서남북을 아우르는 미술관 네트워크가 구축된다. 미술관이 특정 지역에만 있는 것이 아니라, 서울 전역에서 시민들이 예술을 경험할 수 있도록 분산 운영된다. 각 지역의 특성을 반영한 예술 활동이 이루어지고, 시민들은 보다 가까운 거리에서 문화 예술을 접할 수 있게 된다.

이러한 변화로 예술이 도시 생활 속으로 더욱 깊숙이 스며들게 될 것이다. 기존의 미술관이 '찾아가는 공간'이었다면, 네트워크형 미술관 체제에서는 미술관이 시민들에게 '다가가는 공간'으로 변화한다. 서서울미술관은 다양한 계층과 세대가 함께 참여할 수 있는 교육·연구 프로그램을 운영하며, 도시가 예술을 경험하는 방식을 혁신하는 중요한 거점이 될 것이다.

서울시립미술관의 네트워크형 체제는 예술을 보다 확장적이고, 유기적이며, 접근 가능한 형태로 만들어 가는 실험이다. 2025년 서서울미술관이 개관하면, 서울의 문화 지형은 더욱 다채로워지고, 예술이 특정한 공간을 넘어 도시 전역에서 경험되는 방식으로 변화할 것이다. 서울 전역을 미술관 삼아 언제 어디서든 예술을 만날 수 있는 시대. 서서울미술관이 개관하면, 그 흐름은 더 분명해질 것이다.

key word ▶ | 크리에이터 이코노미 Creator Economy 🔍 |

: 자신의 창작물을 기반으로 수익을 만드는 전체 산업을 지칭한다. 크리에이터는 가수, 작가, 디자이너, 예술가는 물론 유튜버, 인플루언서 등 무언가를 만들고 창작하는 모든 사람을 포함한다.

과거에는 콘텐츠 제작이 방송국이나 대형 출판사만의 영역이었다면, 이제는 노트북이나 스마트폰만 있으면 누구나 창작자가 되고 수익을 창출할 수 있는 시대다. 유튜버, 인스타그래머, 틱톡커, 뉴스레터 작가, 독립 출판 크리에이터 등 다양한 형태의 창작자들이 등장하며, 광고 수익뿐만 아니라 팬 멤버십, 디지털 굿즈 판매, 협찬, 라이브 강연 등 새로운 수익 모델을 개척하고 있다.

이 흐름은 전통적인 예술 산업과도 맞닿아 있다. 예술가와 크리에이터의 경계가 흐려지면서 이제는 유튜버가 공연 예술을 하고, 작가가 뉴스레터를 통해 독자와 직접 소통하며, 아티스트가 SNS를 활용해 자신의 작품을 마케팅한다.

크리에이터 이코노미에서는 누구나 예술인이 될 수 있지만, 그 안에서의 경쟁은 더 치열하다. 살아남기 위해서는 꾸준한 콘텐츠 생산과 팬덤 형성이 핵심이다. 예전에는 '어디에 취직해야 하지?'가 고민이었다면, 이제는 '내가 뭘 만들고, 어떻게 사람들과 연결될까?'가 더 중요한 질문이 되고 있다.

이런 변화 속에서 크리에이터와 예술인들이 공통적으로 겪는 어려움이 있다. 경제적 불안정, 법적 분쟁, 저작권 문제, 그리고 지속 가능한 창작 환경을 유지하는 것. 창작자가 성장하려면 창작에만 몰두할 수 있는 환경이 필요하지만 생계, 법률문제, 심리적 어려움 등 여러 장벽을 넘어야 한다.

예술인들이 창작 활동에만 집중할 수 있도록 돕는 기관이 서울문화재단이다. 재단은 특히 '예술인의 지속 가능한 삶'을 중요한 가치로 삼고 있다. 창작 환경이 불안정하면 예술가들은 작품 활동을 지속하기 어려워지고, 결국 도시의 문화적 다양성도 줄어들게 된다. 이런 문제를 해결하기 위해 서울문화재단은 예술인의 권리 보호와 복지를 위한 전담 기관 서울예술인지원센터를 설립했다.

서울예술인지원센터

서울예술인지원센터 이용하기

❶ 서울예술인지원센터는 월요일에 쉬어요. 화요일~일요일, 10시부터 21시까지 운영돼요. (법정 공휴일 휴무)
❷ 서울에 거주하는 예술인이라면 누구나 지원 대상이 될 수 있어요.
❸ 예술 창작 안전망을 위한 법률 및 심리 상담, 역량 강화 프로그램 등을 지원해요.
❹ 예술인들의 다양한 일거리 정보를 제공하는 '예술로 자브로'도 확인해 보세요.

예술인들은 종종 사회적 보호망에서 벗어나 있다. 정규직 고용 형태가 드물고, 경제적 불안정성이 높으며, 계약 문제나 저작권 분쟁 같은 법적 위험에도 쉽게 노출된다. 창작 과정에서 겪는 심리적 스트레스도 무시할 수 없다. 서울예술인지원센터는 예술인을 위한 맞춤형 원스톱 서비스를 제공하는 곳으로, 예술 창작을 지속할 수 있는 환경을 조성하는 데 초점을 맞춘다.

서울예술인지원센터가 제공하는 혜택은 크게 네 가지로 나뉜다. 첫 번째로 창작 공간 및 커뮤니티 공간을 제공한다. 프로젝트룸, 렉처룸, 세미나룸, 미팅룸 등 창작과 토론을 위한 공간을 대관할 수 있으며, 개인 작업실이 없는 예술인들이 이곳에서 아이디어를 발전시키고 협업할 수 있도록 지원한다.

두 번째로 법률 및 심리 상담을 지원한다. 예술계에서 빈번히 발생하는 계약 문제, 저작권 분쟁, 노동 환경 문제 등에 대해 변호사, 회계사, 노무사 등의 전문가가 무료 상담을 제공하며, 창작 과정에서 겪는 심리적 어려움을 해결하기 위해 전문 심리 상담사와의 상담 서비스도 제공한다.

세 번째로 예술인의 역량 강화를 위한 아카데미 프로그램을 운영한다. 예술인의 자립과 성장을 돕기 위해 분야별 전문가 강연, 실무 중심의 워크숍을 제공하며, 창작 시너지를 극대화하기 위해 다양한 장르의 예술인이 연결될 수 있는 자리를 마련한다.

네 번째로 예술 활동을 지속할 수 없는 안타까운 상황에 놓인 서울 거주의 예술인에게는 의료비, 상해 치료비 등을 지원하여 최소한의 사회 안전망을 구축하고 있다.

그동안 예술을 사랑하는 마음 하나로 버티던 창작자들이

보다 안정적인 환경에서 지속적인 활동을 이어갈 수 있게 된다면 서울, 나아가 대한민국 예술 생태계가 한층 더 풍부해질 것이 분명하다. 경제적 부담과 법적 문제에서 자유로워질수록 더 실험적이고 창의적인 작업이 가능해지고, 이는 곧 시민들에게 더욱 다양한 문화적 경험을 제공하는 결과로 이어지기 때문이다.

서울이 예술하기 좋은 도시로 자리 잡기 위해서는 단기적인 지원을 넘어, 예술가들이 자신만의 작업 세계를 확립할 수 있도록 지속적인 정책적 뒷받침이 필요하다. 서울예술인지원센터는 그 시작점이자, 앞으로의 변화를 만들어 가는 중요한 거점이 될 것이다.

"지금처럼 질 좋은 프로그램을 꾸준히 진행해 주시면 좋겠습니다. 법률 상담도 심리 상담도 예술인에게 꼭 필요한 내용이라고 생각합니다. 많은 예술인이 도움을 받고 힘도 얻어 가시기를 바랍니다."

– 시각 예술 작가 장한나

> key word | **플레이스 메이킹** Place making 🔍

: 지역 사회의 참여를 통해 공공 공간을 개선하고 활성화하는 과정이다. 물리적인 공간을 만드는 것을 넘어 사람과 사람을 연결해 커뮤니티를 형성하고 공간을 장소화하는 것이다. 도시는 콘크리트, 철근으로만 만들어지지 않는다. 우리가 매일 걷고 머무는 거리와 공원, 그 옆 벤치 하나까지도, 우리의 경험과 감정을 형성하는 요소다. 아무리 기능적으로 잘 설계된 공간이라도 사람들이 머무르지 않는다면 그곳은 텅 빈 배경에 불과하다. 그래서 등장한 개념이 플레이스 메이킹 Placemaking 이다.

플레이스 메이킹은 특정 장소를 공간이 아니라, 사람들이 머물고 싶은 '장소'로 변화시키는 과정이다. 뉴욕의 하이라인 파크처럼 버려진 철도를 공원으로 바꾸거나, 덴마크 코펜하겐처럼 자동차 도로를 보행자 중심 거리로 만드는 것이 대표적인 사례다. 플레이스 메이킹이 꼭 거대한 도시 재생 프로젝트일 필요는 없다. 작은 벤치 하나, 횡단보도 하나도 도시를 바꾸는 중요한 요소가 될 수 있다. 서울은 바로 이 점에 주목했고, 펀디자인Fun Design 사업을 통해 도시 곳곳을 더 재미있고 감각적인 공간으로 변화시키고 있다.

2021년부터 시행해 온 서울 펀디자인 사업은 공공 공간을 더욱 창의적이고 감각적으로 바꾸는 시도이자 시민들이 공간을 새로운 방식으로 경험하도록 유도하는 디자인 전략이다. 대표적인 사례 중 하나가 여의도 한강공원의 '구름막그늘막'이다. 구름 모양을 형상화한 그늘막이 한강공원의 하늘과 조화를 이루며 공간 자체가 하나의 예술적 요소로 작용한다. 시민들은 구름 아래에 있는 듯한 기분을 느끼게 된다. 이 디자인은 2022년 iF 디자인 어워드 건축 부문 본상을 수상하며 국제적인 디자인 가치를 인정받았다.

서울 펀디자인

소울 드롭스

펀디자인은 참신한 디자인의 공공시설을 통해 시민과 공간 사이의 관계를 변화시킨다. '소울 드롭스Soul Drops 벤치'도 그중 하나다. 열린송현녹지광장과 여의도 한강공원 등에 설치된 이 벤치는 물방울 모양의 독특한 형태로 구성되어 있다. 스툴, 선베드 등 각기 다른 5개 모듈을 적용해, 사람들이 원하는 방식으로 앉거나 기대거나 둘러앉아 대화를 나누며 공간을 활용할 수 있도록 했다. 이 디자인 역시 2023년 iF 디자인 어워드 제품 부문 본상을 수상했다.

펀디자인은 도시의 안전성과 실용성을 함께 높이는 역할도 한다. 한강공원여의도, 강서, 난지, 광나루 자전거 도로에 설치된 '괄호등과 쉼표등'이 좋은 예다. 이 조명 시설물은 보행자와 자전거 이용자 간의 충돌을 방지하기 위해 만들어졌다. 자전거가 다가오면 쉼표등이 점멸하고, 보행자가 감지되면 괄호등이 밝혀지는 방식으로, 사람들의 움직임을 감지해 반응하는 기능이 더해졌다. 이런 디자인이야말로 '편'과 '실용성'을 동시에 만족시키는 요소다.

도심 속에서도 해변의 분위기를 느낄 수 있도록 한 '해변쉼터' 역시 펀디자인의 대표적인 사례. 여의도, 양화, 잠실 한강공원에 설치된 이 공간은 모래사장, 선베드, 파라솔 등을 배치해 마치 해변에 온 듯한 느낌을 준다. 바쁜 일상 속에서도 시민들은 한강공원에서 해변의 여유를 느낄 수 있다.
펀디자인은 도시 자체를 브랜드로 만드는 역할도 한다. 서울시는 현대건설과 협력하여 서울 전역 13개 주택건설 사업지에 펀디자인을 적용하고 있으며, 한국도로공사와 협력해 오산, 창녕 졸음쉼터에도 새로운 디자인을 도입할 예정이다. 뉴욕이 '공공 예술'로 도시 정체성을 만든다면, 서울은 '펀디자인'으로 브랜드를 구축한다. 서울에서만 볼 수 있는 감각적인 거리 시설물과 도시 가구가 늘어나면, '서울=재미있는 도시'라는 등식이 자연스럽게 성립될 것이다.
펀디자인의 역할은 디자인을 통해 시민들의 삶을 더 편리하고 안전하게 만들면서도, 동시에 재미와 창의성을 더하는 것이다. 벤치 하나, 그늘막 하나도 어떻게 디자인하느냐에 따라 시민들이 느끼는 경험은 완전히 달라질 수 있다. 도시는 단순히 존재하는 것이 아니라, 경험하는 공간이 되어야 한다.
서울시는 앞으로도 펀디자인을 통해 더 많은 사람들이 공

강남역 가림막

공 공간을 즐기고, 머물고, 경험할 수 있는 환경을 만들어 갈 것이다. 우리가 일상에서 무심코 지나치는 공간이 조금 더 따뜻하고, 감각적이고, 즐거워진다면, 그것만으로도 서울은 더 살고 싶은 도시가 될 것이다. 변화는 이미 시작되었다.

1월 | 예술에 스며들다

서울 판디자인

판디자인 벤치

February
2월

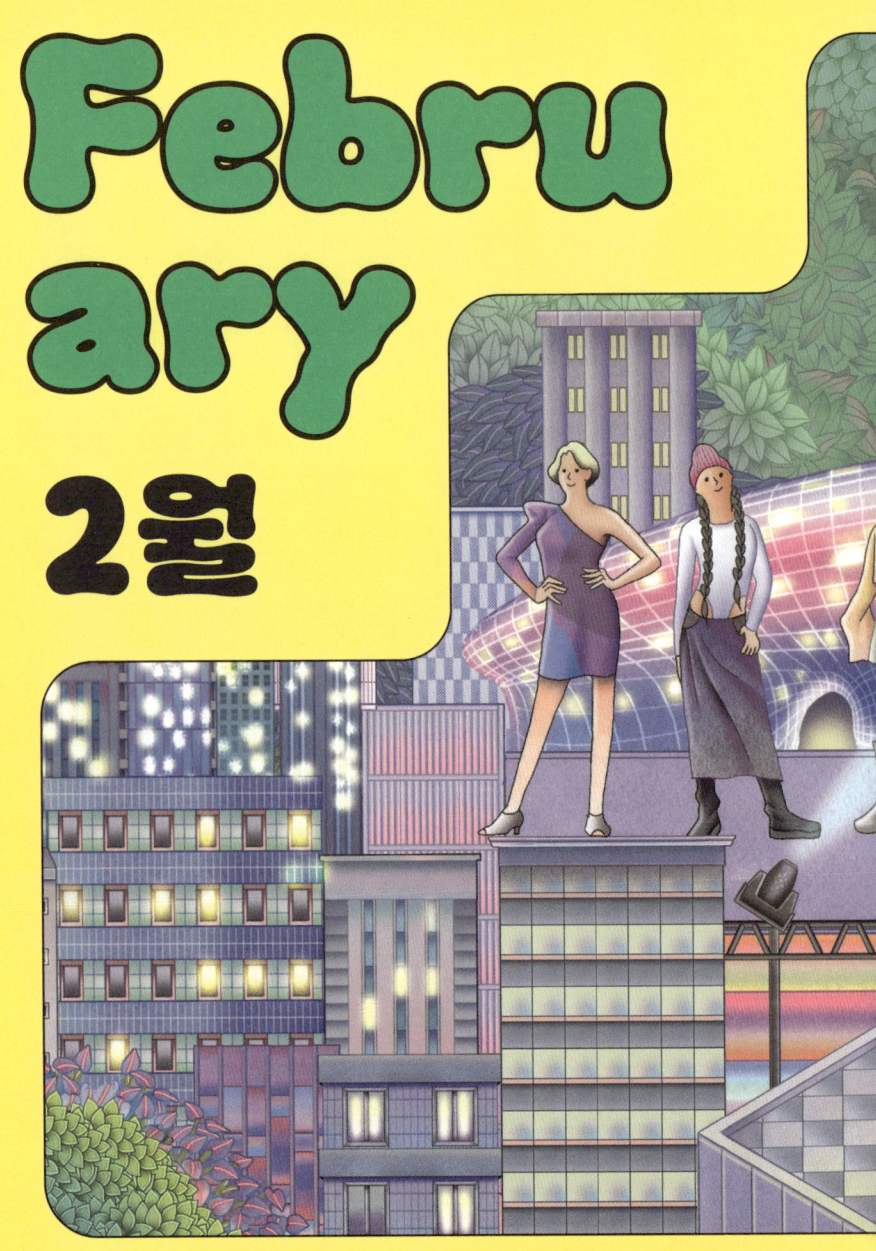

서울패션위크
청년취업사관학교
서울뷰티허브
서울청년센터

도전을 즐기다

▶ key word

패피 Fashion People 🔍

: '패션 피플'의 줄임말로, 최신 유행에 민감하게 반응하는 사람들을 의미한다. 하지만 꼭 유행을 따르지 않더라도 자신만의 독특한 개성을 갖추고 멋스러움을 뽐내는 사람을 지칭하기도 한다.

요즘 젊은 패피들은 디자이너 브랜드에 주목하고 있다. 대형 브랜드에서 벗어나 자신만의 개성을 표현할 수 있는 브랜드를 찾고, 길거리에서 같은 옷을 입은 사람을 마주치면 기분이 살짝 언짢아진다. 브랜드의 스토리와 디자인 철학까지 고려해 내린 나만의 선택이기 때문이다. 대량 생산되는 유명 브랜드보다 한정판 컬렉션이나 소량 제작되는 디자이너 브랜드가 더욱 매력적으로 다가오는 이유다.

패션의 중심지도 더 다양해지고 있다. 과거에는 백화점이나 대형 쇼핑몰이 주요 쇼핑 공간이었다면, 이제는 개성 있는 디자이너 브랜드의 오프라인 스토어나 편집숍이 젊은 층의 핫플레이스로 떠오르고 있다. 브랜드 자체의 유명세보다 나만의 스타일을 만들어 줄 수 있는 독창성이 더 중요하다. 남들과 다른 자신만의 스타일을 원하는 패피들에게 디자이너 브랜드는 가장 매력적인 선택지가 되고 있다.

패피들이 놓칠 수 없는 행사가 있다. 서울패션위크다. K-패션의 현재와 미래를 동시에 조망하는 글로벌 쇼케이스, 서울패션위크가 올해로 25주년을 맞이했다. K-패션이 글로벌 무대에서 빠르게 성장하며 한국 디자이너들의 영향력이 커지는 상황에서, 서울패션위크는 더욱 다양한 구성과 창의적인 시도를 통해 그 입지를 확고히 하고 있다.

서울패션위크

2025 F/W 서울패션위크는 5일 동안 19회의 패션쇼와 8회의 프레젠테이션을 포함해 총 27개의 쇼로 진행됐다. 패션과 기술, 예술이 융합된 무대들이 이어졌고, 글로벌 바이어들과의 교류를 위한 전략적 시도들도 돋보였다. 특히, 올해 처음으로 열린 '서울패션포럼'에서는 제임스 팔론 James Fallon과 안토니오 데 마테

이스Antonio De Matteis 같은 세계적인 패션 인사들이 참석해 K-패션의 경쟁력과 확장 가능성을 논의했다. 패션 트렌드 분석을 넘어, 글로벌 시장에서 한국 브랜드가 어떻게 자리 잡을 수 있을지를 실질적으로 고민하는 자리였다.

이번 패션위크에서는 독창적인 컨셉과 신기술이 접목된 쇼들이 큰 주목을 받았다. 한나신의 오프닝 쇼는 '우주진화론'을 주제로, 3D 프린팅 기술과 전통 공예의 혁신적인 결합을 선보였다. 미래와 전통이 공존하는 이 컬렉션은 런웨이를 하나의 거대한 실험실로 만들었고, 관객들에게 패션의 새로운 가능성을 제시했다. 므아므는 디제잉을 활용한 프레젠테이션을, 가즈드랑은 무용과 패션을 접목한 퍼포먼스를 통해 기존 패션쇼 형식을 뒤엎는 새로운 시도를 보여 주었다.

서울패션위크의 트레이드마크 중 하나는 글로벌 브랜드와 신진 디자이너들이 함께 어우러진다는 점이다. 세계적으로 주목받는 K-패션 대표 브랜드들이 대거 참가하는 동시에, 신예 디자이너들에게도 글로벌 무대에 설 기회를 제공한다. 이번 시즌에도 파리, 밀라노, 일본 등에서 주목받는 잉크EENK, 유저YOUSER, 아조바이아조AJOBYAJO 같은 브랜드부터, 지수백과 데일리미러 같은 신진 디자이너들이 합류해 신구 조화를 이뤘다.

서울패션위크는 국내 브랜드들의 글로벌 시장 진출을 위한 허브 역할을 하고 있다. 약 80개 브랜드가 참여한 트레이드쇼에서는 해외 바이어들과 브랜드 간의 실질적인 비즈니스 미팅이 이루어졌으며, 쇼룸 투어 또한 기존의 강남, 성수, 한남 지역에서 북촌과 홍대까지 확장돼 더 많은 글로벌 파트너십을 유도했다. 프랑스 사마리텐 백화점, 쿠웨이트 하비니콜스, 태국 시암 피왓 그룹, 센스 등 다양한 글로벌 플랫폼들이 한국 디자이너 브랜드의 가능성을 직접 확인했다.

서울패션위크는 누구나 패션을 체험하고, 직접 소통할 수 있는 열린 문화 축제로 변모하고 있다. 시민들도 패션을 체

다채인과 함께 콜렉션을 진행 중인 디자이너 덕다이브

험하고 즐길 수 있도록 다양한 프로그램을 마련하며, 거리에서도 패션의 흐름을 직접 느낄 수 있는 기회를 제공했다. DDP 주변에서는 라이브 스트리트 퍼포먼스와 팝업 전시가 열렸고, 일부 브랜드들은 패션위크 기간 동안 한정판 컬렉션을 공개해 패션 마니아들의 이목을 끌었다. 덕다이브는 작곡가 애노드와 협업해 음악과 패션이 결합된 쇼를 선보였고, 얼킨은 앙드레김의 작품을 현대적으로 재해석한 무대를 선보이며 패션이 단순한 의류 산업을 넘어 문화 콘텐츠로 자리 잡아 가고 있음을 보여 주었다.

패션은 개성과 문화, 라이프 스타일을 표현하는 수단이다. 서울패션위크는 K-패션이 글로벌 무대에서 얼마나 영향력을 가질 수 있을지를 실험하는 중요한 장이자, 미래 패션의 방향성을 제시하는 곳이 되었다.

"진짜 멋있다는 생각이 들었고 항상 다양한 패션들이 많이 모여서 한 공간에서 펼쳐지는 무대잖아요. 이것까지 준비하는 과정도 너무 힘드셨을 것 같고 또 그래서 멋있는 무대가 나오지 않을까…"

- 배승연

▶ key word

스킬셋 Skill Set 🔍

: 직무에 요구되는 다양한 전문 지식, 기술 중 가장 적합한 요소를 선정하는 활동이다. 취업 준비생이나 사회 초년생 단계에서 스킬셋을 어떻게 설정하는지에 따라 취업, 이직, 미래 성장이 달라진다.

최근의 취업 트렌드를 한 문장으로 요약하면 이렇다. "열심히 하는 것보다 잘하는 게 중요하다." 배우면서 일할 사람보다는 이미 배운 사람을 찾는 경우가 많다 보니, "열정이 넘칩니다!"라고 백번 말해봐야 "저는 SNS 광고 집행 경험이 있고, 이러한 성과를 냈습니다."라는 한 마디가 더 강력할 수밖에. 학교 전공보다 내가 당장 할 줄 아는 게 무엇인지가 더 중요해진 시대, 스킬셋의 시대다.

스킬셋이 꼭 회사 취업에만 필요한 건 아니다. 프리랜서로 돈을 벌고 싶을 때, 유튜브 크리에이터가 되고 싶을 때, 내 사업을 시작하고 싶을 때 모두 필요한 게 스킬셋이다. 개발을 배우면 앱을 만들 수 있고, 마케팅을 배우면 SNS에서 제품을 홍보할 수 있으며, 디자인을 배우면 브랜드를 만들 수도 있다. 한 가지 기술만 제대로 익혀도, 취업뿐만 아니라 다양한 기회가 열릴 수 있다.

문제는 '뭘 배울지 모르겠다'는 거다. 요즘은 온라인 강의도 많고, 유튜브에도 정보가 넘쳐나는데, 막상 시작하려면 어렵고, 혼자 공부하다 보면 포기하는 경우가 많다. 그래서 많은 사람들이 체계적으로 배울 수 있는 곳을 찾는다. 그럴 때, 청년취업사관학교의 새싹 Seoul Software ACademy 프로그램이 딱이다. 인공 지능 AI, 데이터 분석, 프로그래밍, 영상 제작, 디지털 마케팅까지 실제로 취업과 연결되는 과정들을 무료로 배울 수 있다.

청년취업사관학교

청년취업사관학교 이용하기

❶ 우리집에서 가까운 곳, 내가 배우고 싶은 프로그램을 찾아보세요.

❷ 연간 교육 일정은 청년취업사관학교 누리집에서 확인할 수 있어요.

❸ 온라인으로 신청서를 작성해 제출하면 교육 분야의 기초 지식 테스트와 면접을 거쳐 선발됩니다.

청년취업사관학교는 실무 중심으로 배우고, 기업이 원하는 형태로 포트폴리오를 만들 수 있도록 구성되어 있다. 서울시가 400개 이상의 기업 의견을 반영해서 설계한 과정이라, '이걸 배워서 취업이 될까?'라는 걱정은 하지 않아도 된다.

무엇보다 학원처럼 비싼 수강료가 들지 않는다. 모든 교육 과정이 무료로 제공되며, 대신 교육 의지를 높이기 위해 예치금 제도가 있다. 일정 금액을 걸어야 하지만, 과정만 잘 마치면 그대로 돌려받을 수 있다. 물론 수업을 듣다 포기하면 예치금은 돌려받을 수 없다. 만 15세 이상의 서울 청년 구직자라면 학력이나 전공 상관없이 누구나 지원할 수 있다.

프로그래밍을 한 번도 배워본 적이 없는 사람도 기초부터 차근차근 배울 수 있도록 구성되어 있다. 이미 개발이나 데이터 분석을 어느 정도 해본 사람이라면 중급·고급 과정으로 도전할 수도 있다. 선발 과정에서 기본적인 자격 확인과 기초 지식 테스트, 면접이 진행되지만, '완전 초보라서 떨어지지 않을까?' 걱정할 필요는 없다. 초보자를 위한 과정

청년취업사관학교 강서

도 충분히 준비되어 있다.

현재 서울 전역에 20개의 캠퍼스가 운영 중이며, 2025년까지 25개 자치구 전체로 확대될 예정이다. 각 캠퍼스는 지역 산업 특성과 최신 기술 트렌드를 반영한 특화 교육 과정을 운영하고 있어서, 배울 수 있는 내용이 조금씩 다를 수 있다.

취업을 앞두고 있다면 기업 매칭데이를 통해 채용 기회까지 얻을 수도 있다. 함께 성장할 수 있는 환경이 조성되어 있다는 것도 큰 장점이다. 수업을 듣고 나면 실제로 취업이 잘 될까? 결과만 보면 꽤나 성공적인 편이다. 교육을 들은 사람들의 만족도는 90% 이상이며, 취업률도 평균 76.1%에 달한다. 특히 IT 기업들이 직접 참여해 과정 설계를 돕고, 수료 후 바로 채용으로 이어지는 사례도 많다.

"이전부터 인공지능에 관심을 가지고 있었지만 컴퓨터 관련 지식이 없다 보니 진로를 정하기 어려웠는데요, 새싹 덕분에 제 전공과 인공지능 분야를 결합한 신사업 기획으로 진로를 정할 수 있었습니다."

- 권용희

key word ▶ 　　산업 클러스터　　　🔍

: 특정 산업과 연관이 있는 기업과 기관들이 한곳에 모여 상승 효과를 도모하는 산업 집적 단지. 클러스터cluster는 '무리를 이루다'라는 의미로, 미국 실리콘밸리가 대표적인 성공 사례라고 할 수 있다.

산업 클러스터를 이해하는 가장 쉬운 방법은 '오리단길'로 불리는 맛집 거리를 떠올리는 거다. 사람들이 몰리면서 가게들은 서로 자극을 받고, 더 나은 메뉴와 감각적인 공간을 고민한다. 좋은 셰프들이 자연스럽게 모이고, 관련된 식재료 납품업체와 카페, 디저트 가게도 함께 성장했다. 산업 클러스터도 이와 같은 원리다. 같은 업종의 기업과 연구소, 대학 등이 한 지역에 모이면 경쟁과 협력이 동시에 일어나면서 성장 속도가 빨라진다.

실리콘밸리가 대표적인 예다. 구글, 애플, 메타, 엔비디아 같은 IT 기업들이 모여 있고, 스탠퍼드대 같은 명문대가 가까이 있다. 창고에서 몇 명이 시작한 스타트업 문화는, 결국 세계적인 기업들을 키워냈다. 흥미로운 점은 이곳에서 '우연한 만남'이 중요한 역할을 했다는 것이다. 스타트업 창업자들이 커피숍에서 투자자를 만나거나, 직원들이 바에서 대화하다가 새로운 아이디어를 얻는 일들이 많았고, 이런 분위기가 혁신을 가속화했다.

산업 클러스터는 '사람과 아이디어가 활발하게 섞일 수 있는 환경'을 만들어야 성공한다. 이런 역동적인 생태계는 K-뷰티 산업에서도 필수적이다. 2025년, 동대문에 '서울뷰티허브'가 개관한다. K-뷰티판 산업 클러스터다.

서울뷰티허브

전 세계적으로 K-뷰티는 이미 강력한 브랜드 파워를 갖추고 있다. 하지만 틱톡에서 핫한 신생 브랜드들이 하루가 다르게 등장하는 시대, 빠르게 변화하는 글로벌 시장에서 살아남으려면 차별화된 경쟁력이 필수다. 서울뷰티허브는 이러한 흐름을 반영해, 중소 뷰티 브랜드들이 글로벌 무대에서 두각을 나타낼 수 있도록 실질적인 지원을 제공한다.

화장품 디자인부터 혁신이 시작된다. 예쁜 패키지를 만드는 것을 넘어, 친환경적이고 기능적인 디자인 솔루션을 제시한다. 지속 가능한 소비는 이제 선택이 아닌 필수다. 서울뷰티허브는 라벨, 에코패키지 등 환경을 고려한 디자인 제작을 지원해, 브랜드가 글로벌 기준을 충족할 수 있도록 돕는다.

마케팅이 고민이라면? 허브에서는 영상부터 이미지 콘텐츠까지 맞춤 제작을 지원한다. 중소 브랜드가 어려움을 겪는 부분 중 하나가 바로 홍보다. 브랜드가 가진 개성을 극대화할 수 있도록 트렌디한 콘텐츠를 제작해, 소비자와의 접점을 넓히는 데 기여한다.

수출을 고려하는 기업들은 각국의 인증 절차와 유통망 구축에서 큰 난관을 마주한다. 서울뷰티허브는 이러한 복잡한 과정을 보다 쉽게 해결할 수 있도록 전문가들의 맞춤형 컨설팅을 지원한다. 이를 통해 국내 중소 뷰티 브랜드가 아시아는 물론, 유럽과 북미 시장까지 진출할 수 있도록 돕는다. 해외 바이어들과의 네트워크 구축 및 실질적인 수출 연계 지원도 이루어진다.

서울뷰티허브의 개관은 서울이 명실상부한 글로벌 뷰티 산업의 허브로 자리 잡는 기반을 다지는 중요한 전환점이 될 것이다. 서울에서 시작된 작은 브랜드가 글로벌 히트템이 되는 순간, 그 중심에 서울뷰티허브가 있을 것이다.

라이프 코칭 Life Coaching

: 사람들이 삶의 질을 높이고, 열정을 발견하며, 인생 목적을 찾고, 한계와 두려움과 장애물에서 벗어나도록 도와주는 역할. 이를 통해 인생의 목표와 꿈을 이루어 갈 수 있다.

청년으로 살아간다는 건 생각보다 쉽지 않다. 취업을 준비하면 어디서부터 시작해야 할지 막막하고, 돈을 모으고 관리하는 법은 누가 가르쳐 주지 않는다. 새로운 사람들을 만나고 싶지만, 바쁜 일상 속에서 기회가 많지 않다. 이렇게 각자 다른 고민을 안고 살아가는 청년들을 위한 라이프 코치가 있다. 서울청년센터다.

서울청년센터는 서울시가 청년들의 다양한 문제를 해결하고 자립을 지원하기 위해 운영하는 공간이다. 용산에 위치한 광역 서울청년센터 외에 서울 곳곳에 자치구별로 15개의 센터가 운영 중이며, 2025년에는 성북구에도 새롭게 문을 열 예정이다. 이곳에는 진로 고민부터 생활 지원까지 다양한 상담과 프로그램이 마련되어 있다. 무엇보다 중요한 점은 조건이 필요하지 않다는 것이다. 서울에 거주하는 청년이라면 누구나 방문할 수 있으며, 부담 없이 상담을 받고 프로그램에 참여할 수 있다.

서울청년센터

서울청년센터 이용하기

❶ 19~39세 청년이라면 누구나 서울청년센터를 이용할 수 있어요.

❷ 우리 집에서 가장 가까운 서울청년센터를 찾아보세요.

❸ 각 센터에서는 일자리, 진로, 창업, 주거, 금융 등 다양한 유형별 상담과 프로그램이 진행돼요.

❹ 카카오톡에서 청년 정책 정보 제공 채널 '정보퐁퐁'을 구독하세요. 매월 1, 3주 목요일 청년 관련 정책 정보를 받아볼 수 있어요.

다양한 청년 지원 정책과 프로그램이 있지만, 나에게 맞는 것을 찾기는 쉽지 않다. 서울청년센터에서는 이런 고민을 덜어주기 위해 매니저가 직접 청년들의 상황을 듣고 적절한 정책과 프로그램을 안내해 준다. 진로, 취업, 창업, 주거, 생활 지원, 문화·예술 활동 등 다양한 분야에서 필요한 정보를 얻을 수 있다. 상담은 센터에 직접 방문해 받을 수도 있고, 문자나 카카오톡을 통해 편하게 문의할 수도 있다.

조금 더 편안한 분위기에서 이야기를 나누고 싶다면 '두시 티톡' 프로그램을 이용할 수도 있다. 비슷한 고민을 가진 또래 청년들과 대화하면서 새로운 시각을 얻을 수 있다. 매니저가 준비한 주제를 중심으로 진행되기 때문에 부담 없이 참여할 수 있으며, 서로의 경험을 공유하면서 자연스럽게 해결책을 찾아갈 수 있다.

서울청년센터는 상담을 제공하는 것에 그치지 않는다. 청년들이 경제적으로 독립할 수 있도록 다양한 지원을 하고 있다. 재무 교육과 금융 멘토링을 통해 신용 관리 방법을

서울청년센터 마포

배우고, 금융 사기를 예방하는 법을 익힐 수 있다. 투자 실패 후 재기를 준비하는 청년들을 위한 상담도 진행된다.

사회적 관계를 확장하고 싶은 청년들에게는 커뮤니티 프로그램도 제공된다. 관심사나 고민이 비슷한 사람들을 만나 함께 활동할 수 있도록 지원하는데, 동아리 모임을 지원하는 형태로 운영되기도 한다. 새로운 친구를 사귀고, 네트워크를 확장하며, 함께 성장할 수 있는 기회를 가질 수 있다.

서울청년센터는 청년들이 서로 돕고 배우는 환경을 조성하는 것을 목표로 한다. 청년들에게 가장 현실적인 문제 중 하나는 생활 공간이다. 공부할 곳이 필요할 때, 모임을 가질 때 서울청년센터의 공간을 이용할 수 있다. 센터별로 제공하는 공간이 다르지만, 대부분의 센터에서 청년들이 자유롭게 이용할 수 있도록 개방된 공간을 운영하고 있다. 저렴한 비용으로 대관이 가능해 개인이나 팀 단위의 활동도 원활하게 진행할 수 있다.

필요한 정보를 한 곳에서 받아 볼 수 있다는 점도 서울청년센터의 장점이다. '정보퐁퐁' 서비스를 이용하면 서울시 및 정부에서 제공하는 청년 정책 정보뿐만 아니라, 센터에서 진행하는 프로그램에 대한 소식도 정기적으로 받아볼 수 있다. 청년지원매니저가 큐레이션한 맞춤형 정보를 제공하기 때문에 필요한 정보를 더 쉽게 얻을 수 있다.

서울청년센터 오픈라운지 은평

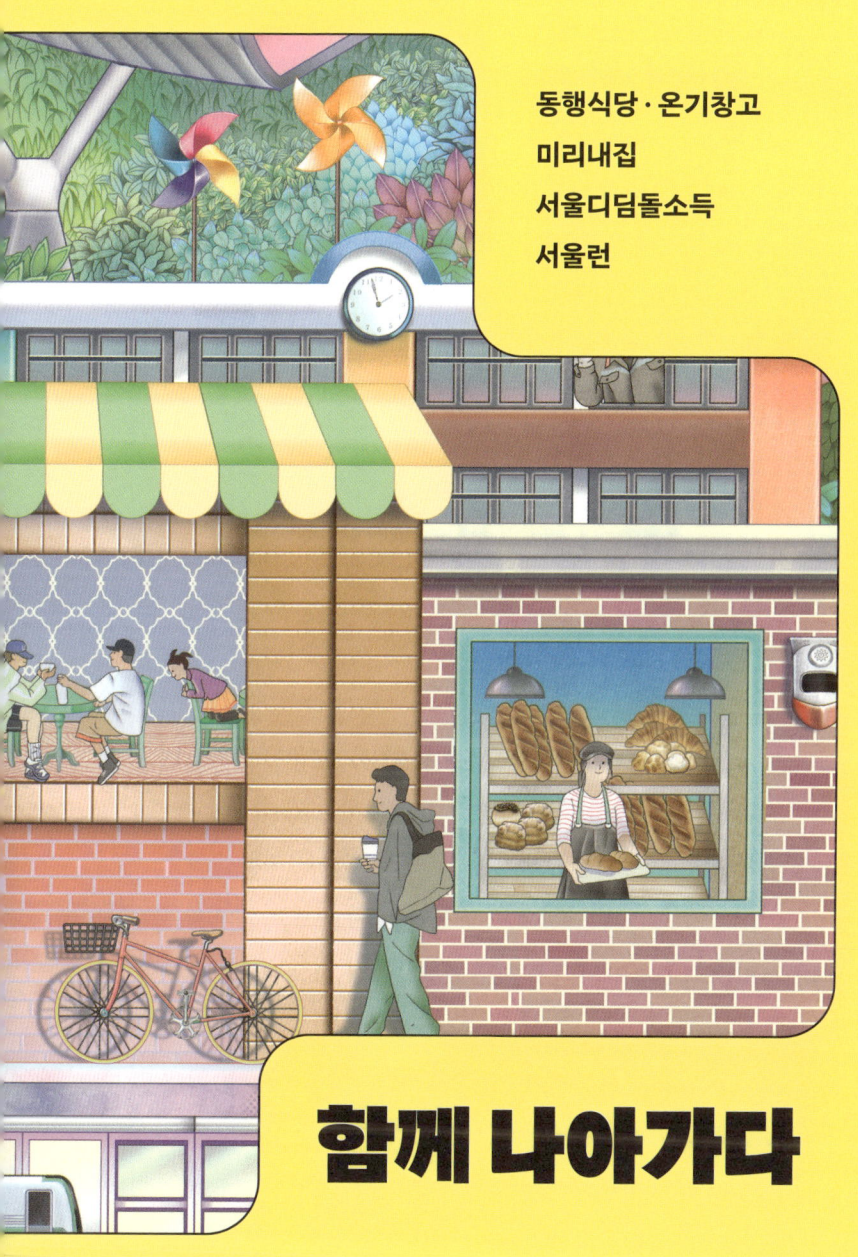

동행식당·온기창고
미리내집
서울디딤돌소득
서울런

함께 나아가다

▶ key word **웜셰어** Warm Share 🔍

: 최근 몇 년간 에너지난을 겪은 세계 각국에서 난방 에너지를 나누는 운동이 확산 중이다. 영국에서는 도서관과 주민센터 등 공공시설이, 일본에서는 대형 상업 시설인 쇼핑몰이 추위를 피하려는 누구나 머물 수 있는 따뜻한 휴식 공간으로 제공된다.

웜셰어는 단순한 에너지 절감의 개념을 넘어설 수 있다. 사람 사이의 온기를 함께 나누는 움직임이기 때문이다. 대표적인 예가 바로 서울시의 '동행식당'과 '온기창고'다. 복지정책을 넘어, 지역 사회와 협력하며 지속 가능한 방식으로 운영되는 웜셰어의 또 다른 모델이다.

동행식당·온기창고

'동행식당'은 쪽방 주민들에게 하루 한 끼를 보장하는 사업으로, 2022년 시작된 이후 꾸준히 확대되고 있다. 2025년부터는 지원 단가가 8000원에서 9000원으로 인상됐고, 참여 식당도 49개소에서 51개소로 늘었다. 주민들은 원하는 메뉴를 선택해 편안하게 식사할 수 있으며, 식당 운영자들도 매출 증가 효과를 체감하며 만족도가 높다. 실제로 이용률이 2022년 65.5%에서 2024년 75.8%로 상승했다.

'동행목욕탕'은 쪽방 주민들에게 월 2회 혹서기와 혹한기에는 월 4회 목욕권을 지원하는 사업이다. 지난해만 해도 총 3만 9654명이 이용했다. 혹한기와 혹서기에는 밤더위·밤추위 대피소로 활용됐다. 지난해 밤추위 대피소를 이용한 인원은 1929명으로, 거주 환경이 열악한 주민들에게 필수적인 쉼터가 되고 있다. 운영 기간은 기존 60일에서 90일로 연장되었으며, 운영 장소도 4곳에서 5곳으로 확대되었다.

동행식당과 동행 목욕탕을 활용하면 돌봄도 가능하다. 동행식당 이용 내역을 통해 장기간 결식한 주민을 파악하면

돌봄 매니저가 방문해 건강 상태를 점검하고, 생활 안정을 위한 복지 서비스까지 연계한다. 주민들이 지속적으로 건강한 삶을 유지할 수 있도록 돕는 방식이다.

'온기창고'는 쪽방 주민들을 위한 생필품 지원 프로그램이다. 이전에는 후원 물품이 들어올 때마다 선착순으로 배부해 주민들이 줄을 서야 했지만, 온기창고는 매장 형태로 운영되며 주민들이 원하는 물품을 자율적으로 선택하고 구매할 수 있도록 개선했다. 주민들은 회원 카드를 발급받아 월 10만 점의 포인트를 사용해 필요한 물품을 살 수 있다. 2023년 8월 서울역 인근 동자동 쪽방촌에 1호점이 문을 열었고, 2023년 11월에는 종로구 돈의동 쪽방촌에 2호점이 개소했다.

이러한 정책은 주민들과의 진정한 동행을 실현한다. 복지 서비스 제공을 넘어 지역 상권과 협력하고, 주민들 간의 상호 돌봄 관계를 형성하는 것이 특징이다. 동행식당과 온기창고는 단순한 물리적인 공간을 넘어, 마을 사람들에게 삶의 활력을 불어넣는 역할을 하고 있다. 이곳에서 나누는 따뜻한 식사와 작은 도움의 손길이 마을 사람들 간의 관계를 더욱 깊고 따뜻하게 만들어 주기를 기대한다.

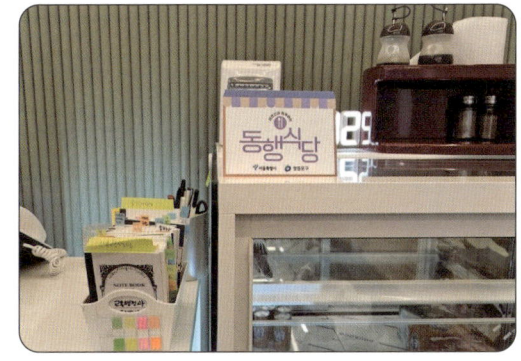

"하루 한 끼는 평화롭게 편하게 내가 입맛에 맞게 고를 수 있는 식당에 가서 식사를 할 수 있어서 우리 주민들에게는 동행식당이라고 하면 사랑이라고 표현할 수 있지 않을까요?"

– 창신동쪽방상담소 대표 김나나

> key word **주거 사다리** 🔍

: 월세나 전세 등 임차 거주에서 자가 거주_{내 집 마련}로 주택 점유 형태를 바꾸는 과정을 의미한다.

부모님 세대는 어떻게든 집을 샀다. 월세로 시작해 전세를 거쳐 결국 내 집을 마련하는 것이 가능했다. 전세 가격이 지금처럼 높지 않았고, 대출 규제도 덜 했기 때문이다. 집값이 오르면 자연스럽게 자산이 늘어났고, 더 좋은 곳으로 이사하는 것도 가능했다. 즉, 주거 사다리를 타는 것이 비교적 흔한 일이었다. 하지만 지금은 상황이 완전히 달라졌다.

서울에서 전세를 구하려면 적어도 수억 원의 보증금이 필요하다. 사회 초년생이 이 정도 금액을 마련하는 것은 사실상 불가능하다. 과거에는 전세 대출을 받아 보증금을 충당할 수 있었지만, 최근 몇 년 사이 대출 규제가 강화되면서 이마저도 쉽지 않다. 대출 한도가 집값 상승 속도를 따라가지 못하면서 원하는 지역에서 전세를 구하는 것이 점점 어려워지고 있다.

전세를 포기하고 월세를 선택하는 것도 만만치 않다. 한 달 월세가 100만 원에 육박하는데, 매달 100만 원 이상을 내면서 자산을 쌓기는 현실적으로 어렵다. '부모님 찬스'도 쉽지 않다. 부모 세대 역시 과거보다 경제적인 부담이 커졌고, 이미 높은 집값 때문에 자녀에게 큰 금액을 지원하기 어려운 경우가 많다. 결국 많은 2030 세대가 내 집 마련을 아예 포기하거나, 결혼과 출산을 미루는 경우가 늘어나고 있다. 결혼을 생각해도 신혼집을 구하는 것이 막막하고, 미래에 대한 불안감이 크기 때문이다.

미리내집

미리내집 자세히 보기

❶ 주거 문제로 고민 중인 신혼부부 또는 예비부부라면 '미리내집'을 활용해보세요.
❷ 생활과 교통이 편리한 지역에 다양한 평형을 공급해요.
❸ 2025년부터 미리내집 공급이 확대됩니다.
❹ 미리내집 관련 자세한 공지는 SH공사 누리집을 확인하세요.

집값이 결혼과 출산을 미루는 가장 큰 요인이라면, 이를 해결할 정책도 필요하다. 서울시는 이 고민을 덜기 위해 '미리내집' 정책을 도입했다. 미리내집은 신혼부부와 예비 신혼부부를 위한 장기 전세주택 정책이다. 시세보다 저렴한 보증금으로 최장 20년까지 안정적으로 거주할 수 있도록 지원하는 것이다.

기존의 공공임대주택과는 차별점이 있다. 보통 공공임대주택은 면적이 작거나 입지가 좋은 곳이 적었지만, 미리내집은 서울 주요 지역에 다양한 평형대의 주택을 공급한다. 전세를 구하기조차 어려운 현실에서 시세의 약 80% 이하 수준의 보증금으로 안정적인 거주가 가능하다는 점은 상당히 매력적인 요소다.

미리내집은 장기적으로 내 집 마련까지 연결될 수 있도록 설계되었다. 특히 출산과 연계된 혜택이 있다. 신혼부부가 아이를 낳을수록 더 큰 혜택을 받을 수 있다. 미리내집 입주 후 아이를 낳으면, 거주 기간은 기존 10년에서 추가 10년을 더해 최대 20년까지 연장된다. 거주 기간 내에 아이

서울 강동구 둔촌동의 올림픽파크포레온 미리내집

를 두 명 출산하는 경우, 거주 중이던 미리내집 아파트를 시세보다 10% 저렴한 가격으로 우선 구매할 수 있는 권리가 생기고, 세 명 이상을 출산하면 할인 폭이 20%로 확대된다. 2025년부터는 신축매입 임대주택 등 다양한 유형의 주택들을 미리내집으로 공급할 계획이다.

미리내집의 가장 큰 장점은 전세로 시작해도, 오랫동안 이사 걱정 없이 살 수 있다는 점이다. 집값이 어떻게 변하든 거주 안정성이 확보된다는 점은 신혼부부에게 굉장히 중요한 요소다. 임대료 인상이나 계약 만료로 인해 몇 년마다 이사를 고민해야 하는 일반 전세와 달리, 미리내집은 장기적인 거주가 가능하다.

대상은 신혼부부와 예비 신혼부부로, 신혼부부는 혼인 신고일로부터 7년 이내여야 하고, 예비 신혼부부는 공고일로부터 6개월 이내에 혼인 예정이어야 한다.

당장 몇억 원을 모아 집을 사는 것은 불가능에 가깝고, 월세를 내면서 모아갈 수 있는 돈도 한정적이다. 미리내집은 거주 기간 동안 전세금이 급격히 오를 걱정 없이 안정적으로 살 수 있게 해주고, 자녀를 낳으면 내 집을 마련할 수 있는 기회까지 제공한다. 장기적인 관점에서 본다면 단순한 전세 지원을 넘어 실질적인 내 집 마련을 위한 하나의 사다리가 될 수 있다.

"다른 공공임대주택이랑 다르게 소득 요건이 정말 현실성 있게 완화가 돼서 신혼부부나 자녀 계획을 고민하시는 분들한테 최고의 주거 정책이지 않을까 생각합니다."

– 이태종

▶ key word | **사회 안전망** 🔍

: 근로자나 그 가족들이 소득이 줄어들거나 일자리를 잃었을 때 정부가 나서서 도와주는 프로그램들을 뜻한다. 선진국에 가까울수록 사회 안전망이 잘 짜여 있다.

누구나 인생에서 예상치 못한 장애물을 만날 수 있다. 실직을 하거나 갑자기 몸이 아파 일을 못 하게 되거나, 경제 위기가 닥쳐 소득이 줄어드는 상황이 생길 수 있다. 하지만 우리 사회에는 바닥으로 떨어지는 것을 막아 주는 사회적 안전망이 있다.

사회 안전망은 실직, 질병, 경제 위기 같은 예측 불가능한 상황에서도 최소한의 생활을 보장해 주는 제도다. 대표적인 예로 건강보험이 있다. 병원비가 너무 비싸서 치료를 포기해야 한다면, 회복할 기회조차 얻지 못할 수도 있다. 하지만 건강보험 덕분에 부담을 덜고 치료를 받을 수 있다. 실업급여가 있으면 갑자기 회사를 그만두게 되었을 때 당장 생계를 걱정하지 않고 새로운 직장을 찾을 시간을 벌 수 있다.

사회 안전망은 완전히 의존하는 것이 아니라, 필요할 때 도움을 받을 수 있는 최소한의 보호막이 된다. 하지만 현실적으로 안전망이 모든 상황을 포괄하지 못하는 경우도 많다. 기존의 복지 제도는 일정 기준을 넘어가면 지원이 끊기거나 대상에서 제외될 수 있기 때문이다. 이를 보완하기 위한 정책 중 하나가 서울시의 디딤돌소득이다.

서울디딤돌소득

45

2024 서울 국제 디딤돌소득 포럼

서울디딤돌소득은 기준 중위소득 85% 이하 재산 3억 2600만 원 이하 가구를 대상으로 기준 중위소득 85% 기준액과 가구소득 간 차액의 절반을 지원해 주는 제도다. 2022년 '안심소득'이란 이름으로 시행해 2024년 시민 공모·투표를 거쳐 '디딤돌소득'이라는 이름으로 바뀌었다.

디딤돌소득은 소득이 약간 늘어나더라도 지원이 갑자기 끊기는 것이 아니라, 점진적으로 줄어든다. 이 때문에 일자리를 찾거나 소득을 늘리려는 사람들의 의욕을 꺾지 않는다. 일할수록 손해 보는 복지 구조가 아니라, 노력한 만큼 미래를 준비할 수 있는 환경을 만든다는 점에서 기존 지원 제도와 차별화된다. 생계를 위한 단기적인 지원을 넘어, 지속 가능한 경제적 자립을 유도하는 정책인 것이다.

디딤돌소득의 효과는 실제로 확인되고 있다. 2022년 시범사업을 시작한 이후, 2차년도 결과에 따르면 디딤돌소득을 받은 가구의 8.6%가 자립에 성공했다. 첫해 4.8%에서 증가한 수치로, 단순한 현금 지원이 아니라 자립을 돕는 제도로 기능하고 있음을 보여준다. 지원 가구의 31.1%는 근로소득이 증가했다. 지원이 생계 보조에서 그치는 것이 아니라, 수급자가 경제적 기반을 마련하고 복지 의존도를 줄일 수 있도록 유도하는 역할을 한다는 의미다.

디딤돌소득은 일을 하면서도 소득이 일정 수준 이하라면 추가 지원을 받을 수 있도록 도와준다. 단기적인 경제적 어려움 때문에 장기적인 목표를 포기하지 않도록 돕는 것이다. 디딤돌소득 지원 가구의 교육훈련비 지출은 지원을 받지 않은 비교 가구보다 72.7% 더 높았다. 단순히 현재를 버티는 것이 아니라, 더 나은 미래를 준비하는 것이다. 저축액도 비교 가구보다 11.1% 높았다. 장기적인 경제적 기반을 만들고 싶어 하는 가구가 늘어났다는 뜻이다.

사회 안전망이 완전한 해결책은 아니다. 하지만 한 번의 실패가 곧 인생의 실패로 이어지지 않도록, 다시 한번 도전할 기회를 주는 디딤돌이 될 수 있다. 우리 앞에는 많은 도전과 변화가 기다리고 있다. 누구나 넘어질 수 있다. 하지만 다시 일어설 기회가 있다면, 앞으로 나아갈 수 있다. 디딤돌소득이 바로 그런 기회를 만들어 가고 있다.

2024 서울 국제 디딤돌소득 포럼

"83세 어머니의 기초연금으로 살기엔 생활비도 의료비도 빠듯했다. 통역 일을 했지만 안정적이지 못했다. 지금은 새 직장도 얻고 수급자에서 탈피했다. 이런 혜택, 더 많은 이들이 누렸으면 좋겠다."

- 박신애 [가명]

> key word

자기주도학습 🔍

: 학습의 전 과정에 주도적으로 참여하는 학습 형태를 의미한다. 학업 수행과 학업 성취를 높이고, 문제 해결 능력, 창의성, 협동 능력 등 다양한 능력을 향상시킨다.

여기 같은 반 친구 두 명이 있다. A는 부모님이 사교육 정보를 알아봐 주고, 부족한 과목은 과외 선생님까지 찾아주셨다. 사설 진로 상담까지 받았다. 반면 B는 혼자 공부해야 했다. 학원 대신 유튜브 강의를 찾아 듣고, 모르는 문제는 인터넷에서 검색하며 해결했다. 우리는 모두 알고 있다. 공부는 의지만으로 되는 게 아니라는 사실을.

자기주도학습이란 말 그대로 스스로 학습 목표를 설정하고, 계획을 세워 실천하는 과정을 의미한다. 하지만 모든 학생이 B 친구처럼 해낼 수 있는 것은 아니다. 정보 접근성이 떨어지거나, 아직 학습 전략을 익히지 못한 학생들은 혼자 공부하는 것이 아닌, 혼자 방치되는 상황에 놓이기 쉽다.

서울시는 이런 문제를 해결하기 위해 '서울런learn'을 만들었다. 소득 계층 간 교육 격차를 줄이기 위해 지원하는 온라인 학습 사이트다. 하지만 단순히 경제적으로 어려운 학생들에게 무료 강의를 제공하는 정책은 아니다. 핵심은 '결과까지 책임지는 시스템'이라는 점이다. 맞춤형 학습 관리와 1:1 멘토링을 통해, 취약 계층 학생들이 자기주도적으로 성장할 수 있도록 돕는다. 누군가에게는 당연했던 지원을, 누군가에게는 처음으로 제공하는 시스템이다.

교육 격차는 '돈'의 문제가 아니다. 부모의 관심과 정보 부족, 학습 동기 저하, 진로 탐색의 어려움 등 다양한 요인이 교육 기회를 불평등하게 만든다. 서울런은 이런 부분까지 고려해, '함께 성장하는' 시스템을 만든다. 한 참가자는 서울런을 통해 멘토링을 받으면서 공부 방법을 바꿨다. 서울런의 멘토들은 앞서 그 길을 걸어간 선배로서 현실적인 조언과 동기 부여를 제공한다. '나도 할 수 있다'는 마음을 심어 주는 것이 서울런의 가장 큰 역할이다.

서울런

서울런 자세히 알아보기

❶ 서울런 누리집에서 회원가입을 하면 메가스터디, 이투스 등 사설 학원의 인터넷 강의를 들을 수 있어요.
❷ 서울런 누리집에서 이용 자격을 확인할 수 있어요.
❸ 멘토링, 맞춤 학습 추천, 진로 진학 상담 등 다양한 교육 프로그램이 준비돼 있어요.
❹ 대학생이라면, 서울런 멘토단에 지원해 보세요! 멘토로 선발되면 활동비와 교육 참여 수당, 활동 인증서 등 다양한 혜택이 제공돼요.

서울런은 기존의 교육 지원 정책과 다르게, '사교육을 없애는 것'이 목표가 아니다. 사회경제적 이유로 교육 자원에 접근이 어려운 학생들에게 유명 온라인 강의와 대학생 멘토링을 무료로 제공함으로써 교육 격차를 해소하고자 한다. 기존의 교육 시스템에서는 교사가 모든 학생의 학습 상황을 점검하기 어려웠지만, 서울런은 기술과 사람을 결합해 보다 정교한 학습 지원을 제공한다. 인공 지능AI가 취약점을 분석하고, 부족한 부분을 채울 수 있도록 개별적인 학습 계획을 추천한다. 스스로 공부하는 것이 어려웠던 학생들도 서울런을 통해 체계적인 학습 계획을 세울 수 있다.

실제로 2025년 기준으로 서울런을 통해 대학에 합격한 학생은 782명에 이르며, 이 중 173명은 서울 소재 주요 대학 및 의·약학 계열에 진학하는 성과를 냈다. 서울런이 실질적인 교육 기회의 장으로 자리 잡았음을 보여 준다. 서울시는 이 프로그램을 '교육 사다리 복원'의 모델로 보고 있다. 누구나 자신의 배경과 관계없이 원하는 목표를 향해 나아갈

수 있어야 한다는 것이 서울런의 궁극적인 목표이다.

교육은 '미래를 설계하는 과정'이다. 그 과정은 단지 개인의 성공을 위한 것이 아니라, 더 나은 사회를 만드는 중요한 요소다. 기회가 보장될 때, 더 많은 사람들이 자신의 가능성을 믿고 도전할 수 있다.

"다른 친구들은 다 목동이나 대치동에서 학원을 다니는데 저는 혼자잖아요. 그런데 대학생 멘토님께서 계속 체크를 해주시니까 혼자라는 소외감이 없고…"

– 2024 서울런 간담회에서 고3 서울런 회원 이아윤

서울 플레이북 365
십자말 퍼즐

서울의 매력, 가치관이 담긴 서울 플레이 키워드를 찾아
퍼즐을 풀어 보세요!

가로

① 시세보다 저렴한 보증금으로 최장 20년까지 안정적으로 거주할 수 있는 신혼부부를 위한 서울시의 장기 전세 주택 제도. 미리 내 집을 마련할 수 있다는 의미를 담았다.

② 서울야외도서관이 운영하는 북클럽. 힙하게 독서하는 클럽이라는 의미다.

③ 하늘과 땅의 경계를 뜻하는 단어로, 도시 중심부의 건축물들이 어우러져 있는 전체적인 모양을 의미한다.

④ 선착순 배분이 아닌 자율 선택으로 운영 방식을 개선한 서울시의 쪽방촌 생필품 지원 프로그램. 따뜻함이 저장되는 공간이라는 의미를 담았다.

⑤ 식단과 올바른 생활 습관으로 노화의 속도를 늦추는 건강법을 의미한다. 가속 노화의 반대말.

⑥ 당 섭취를 줄여 건강한 식습관을 제안하기 위한 서울시의 프로젝트. 덜 달게 먹자는 의미를 담았다.

세로

① 독소를 배출하는 활동을 뜻하는 말. 최근에는 스트레스와 부정적인 감정 등을 해소하고 마음의 균형을 찾는 활동을 멘탈 OOO라고 한다.

② 자신의 창작물을 기반으로 수익을 만드는 전체 산업을 지칭한다. 창작자 경제라는 뜻이다.

③ 여의도공원에 자리 잡은 보름달 모양의 계류식 가스 기구. 서울의 야경을 즐기는 새로운 체험 문화로 자리 잡았다.

④ 펀FunOOO은 공공 공간의 형태를 더욱 창의적이고 감각적으로 바꾸는 서울의 전략이다. 대표적인 사례인 여의도 한강공원 구름막은 2022년 iF 디자인 어워드 건축 부문 본상을 수상했다.

⑤ '독서'와 '도파민'의 합성어. 독서가 주는 즐거움을 표현하는 말이다.

⑥ 대중교통 이용을 늘려 탄소 배출을 줄이려는 서울시의 대표 정책으로, 저렴한 비용으로 대중교통을 무제한 이용할 수 있는 교통 카드다.

정답

가로 ① 미리내집 ② 힙독클럽 ③ 스카이라인 ④ 온기창고 ⑤ 저속 노화 ⑥ 덜 달달

세로 ① 디톡스 ② 크리에이터 이코노미 ③ 서울달 ④ 디자인 ⑤ 독파민 ⑥ 기후동행카드

서울 플레이북 365 숨은 그림 찾기
특별함이 일상이 되는 서울

서울의 72가지 정책을 하나의 작품에서 찾아보세요!

작품 소개

특별함이 일상이 되는 서울

서울의 대표 명소와 정책을 메아리 작가의 독창적인 표현 기법을 통해 한 컷의 일러스트레이션에 담았습니다. 서울에서는 특별함이 일상이고 일상이 곧 특별함입니다.

작가 소개

메아리 mmmeari

현실과 이상 사이의 풍경을 디테일 일러스트와 루프 애니메이션으로 표현하는 작가. 루프 애니메이션 「도시 이야기」, 「Hide and Seek」 등의 연작 시리즈를 발표하며 디지털과 일러스트레이션의 융합을 시도하고 있습니다.

@mmmeari_april